HERMÈS TRISMÉGISTE

LA TABLE D'EMERAUDE

suivi de

LA TABLE D'EMERAUDE

Expliquée par Hortulain

HERMÈS TRISMÉGISTE

LA TABLE D'EMERAUDE

suivi de

LA TABLE D'EMERAUDE

Expliquée par Hortulain

TABVLA SMA-
RAGDINA HERMETIS TRIS-
megisti *ἐφὶ χμλω*. Incerto interprete.

Erba Secretorū Hermetis, ꝗ scripta erāt
in tabula Smaragdi, inter manus eius in
uenta, in obscuro antro, in ꝗ humatum
corpus eius repertū est . Verū sine men
dacio, certū, & uerissimū. Quod est infe
rius, est sicut ꝗd est superius . Et ꝗd est
supius, est sicut ꝗd est inferius, ad ꝑpetrāda miracula rei
unius. Et sicut oēs res fuerūt ab uno, meditatiōe unius.
Sic oēs res natæ fuerūt ab hac una re, adaptatiōe. Pater
eius est Sol, mater eius Luna . Portauit illud uentus in
uētre suo. Nutrix eius terra est. Pater omnis telesni to
tius mūdi est hic. Vis eius integra est , si uersa fuerit in
terrā. Separabis terrā ab igne, subtile à spisso, suauit cū
magno ingenio. Ascendit à terra in cœlū , iterumꝗ de
scēdit in terrā, & recipit uim superiorū & inferiorū . Sic
habebis gloriā totius mundi. Ideo fugiet à te omnis obscuritas. Hic est totius fortitudinis fortitudo fortis , qu
uincet omnem rem subtilem , omnemꝗ solidam penetrabit. Sic mundus creatus est. Hinc erunt adaptationes
mirabiles, quarū modus hic est. Itaꝗ uocatus sum Her
mes Trismegistus, habens tres partes philosophiæ toti
us mundi. Completū est, ꝗd dixi de operatiōe Solis.

TABLE DES MATIÈRES

TABLETTE 01 : L'HISTOIRE DE THOTH, L'ATLANTE

J e suis THOTH, l'Atlante, maître des mystères, gardien de la Mémoire ancestrale, Roi, Sage et Mage. Je suis celui qui survit d'une génération à l'autre et qui s'apprête à entrer dans la Chambre de l'Amenti pour guider ceux qui me suivront dans les souvenirs de la grande Atlantide.

J'ai débuté cette série d'incarnations dans la grande métropole de KEOR, sur l'île de UNDAL, à une époque très lointaine où les mages de l'Atlantide vivaient et mourraient, non pas comme les petits hommes de cette période obscure, mais en renouvelant leur vie dans la Chambre de l'Amenti ; là où la rivière de la vie coule éternellement vers l'infini.

Cent fois dix j'ai parcouru la voie obscure qui même à la lumière et autant de fois j'ai traversé l'obscurité pour régénérer mon pouvoir et ma force grâce à mon ascension dans la lumière.

Et maintenant, me voici à nouveau avec vous, pour un temps, jusqu'au moment où le peuple de KEM (nom ancien de l'Égypte) ne me reconnaîtra plus. Mais il reviendra le temps où je surgirai à nouveau, fort et redoutable, pour demander des comptes à ceux qui sont derrière moi.

Alors attention à toi peuple de KHEM. Si tu as dénaturé mon enseignement je te précipiterai en bas de ton trône, dans les cavernes obscures d'où tu viens.

Et toi qui m'écoute ici, ne révèle pas mes secrets aux peuples du Nord ni à ceux du Sud, sinon tu subiras aussi mon châtiment. Souviens toi et retiens ces paroles, parce que je reviendrai sûrement. Du plus profond des temps et de la mort je reviendrai pour punir ou récompenser les actes que tu as commis. Si ce texte est maintenant entre tes mains c'est que tu es digne mais ne trahis pas.

Dans les jours anciens mon peuple était grand, plus grand que tout ce que peuvent concevoir les petits qui m'entourent. Il possédait une sagesse ancienne puisant au cœur d'un savoir infini provenant de l'enfance de la terre. Sages parmi les sages, les enfants de la lumière étaient parmi nous. Ils étaient puissants parce que leur pouvoir venait du feu éternel.

Mon père THOTME était le plus grand des enfants des hommes. C'était lui le Gardien du grand temple où pouvaient venir les hommes des races qui habitaient nos dix Iles afin de rencontrer les Enfants de la lumière.

Porte parole de la Divine Triade et gardien de UNAL, il savait parler aux Rois avec LA VOIX QUI DOIT ÊTRE OBÉIE.

Puis arriva le moment où le gardien du Temple demanda que je comparaisse devant lui. Peu d'enfants des hommes ont survécu à l'épreuve de son visage éclatant ; le même visage que projettent les Enfants de la lumière lorsqu'ils ne sont pas incarnés dans un corps physique.

Je fus choisi parmi les enfants des hommes pour recevoir l'enseignement du Gardien afin d'accomplir ses desseins qui mûrissaient dans le sein des Temps.

Sans autre désir que celui d'atteindre la sagesse, c'est dans ce Tabernacle que j'ai passé de l'enfance à la maturité et que j'ai reçu l'enseignement sacré de mon père sur les mystères anciens, jusqu'au moment où le feu éternel de la sagesse vint s'installer en permanence en moi.

Pendant une longue période je fus assigné au Temple pour apprendre encore et toujours plus de cette sagesse divine jusqu'au moment où il me fut possible d'approcher la lumière du grand feu.

Le Gardien du temple me montra la voie de l'Amenti, le monde derrière le monde ; là où le grand Roi siège sur son trône de gloire.

Devant cette grande sagesse je me suis prosterné en hommage aux Seigneurs de la vie et aux Seigneurs de la mort et pour recevoir la Clef de la Vie qui permet d'entrer dans le cercle de la vie perpétuelle et qui libère de la mort.

J'ai appris à voyager vers les étoiles jusqu'au point où l'espace et le temps fusionnent. Et après avoir bu longuement dans la coupe de la sagesse, j'ai appris à plonger dans le cœur des hommes afin d'y découvrir de plus grands mystères. Ma joie fut grande parce que mon âme ne trouvait de repos et de satisfaction que dans cette quête infinie de vérité.

J'ai traversé les âges pour découvrir le secret de ceux qui m'entourent et les voir goûter à la coupe de la mort pour ensuite renaître à la vie.

Puis j'ai vu le voile de l'obscurité qui a recouvert le royaume de l'Atlantide. Cette grande terre qui fut jadis une étoile éclatante devint une étoile secondaire. Peu à peu, les pensées des Atlantes se tournèrent vers l'obscurité jusqu'au moment où le Gardien, dans son AGWANTI (détachement), prononça la parole qui appelait le pouvoir. En accord avec la Loi, le verbe du maître éclata en fleur.

Du cœur profond de la Terre, les enfants de l'Amenti entendirent son appel et avec leur LOGOS ils dirigèrent les mutations de la Fleur du feu qui brûle éternellement afin que sa flamme change de direction.

C'est alors que les grandes eaux recouvrirent la Terre et modifièrent son équilibre. Il ne resta que le Temple de Lumière, seul et intact, sur la montagne de UNDAL qui émergeait au dessus des eaux et qui préserva temporairement ses habitants des fureurs des grandes fontaines.

C'est alors que le Maître m'appela : "Rassembles mon peuple avec le grand Art que tu as appris avant les grandes eaux et transporte le dans le pays des barbares poilus, dans les cavernes du désert pour accomplir le plan que tu connais déjà".

J'ai alors rassemblé mon peuple et nous sommes montés dans les grands vaisseaux du Maître. Au matin nous nous sommes envolés, laissant derrière nous le Temple dans l'obscurité, juste avant qu'il ne sombre à son tour dans les grandes eaux ; jusqu'au jour où il réapparaîtra, lorsque les temps seront accomplis.

Vivement nous avons volé vers le soleil du matin, pour atteindre la terre des enfants de KHEM. En nous voyant, ils devinrent furieux et ils arrivèrent avec des lances et des couteaux pour combattre et détruire les enfants d'Atlantis.

J'ai alors projeté un rayon vibrant qui les frappa de plein fouet. Puis, je leur ai parlé avec des mots calmes et paisibles pour leur faire voir la splendeur d'Atlantide et leur dire que nous étions les enfants du Soleil et ses messagers.

Envoûtés par la science magique ils se prosternèrent à mes pieds et nous pûmes demeurer longtemps sur la terre de KHEM, très longtemps où j'ai accompli de grands travaux inspirés de la sagesse.

Puis vint le jour où, obéissant aux commandements du Maître qui veille éternellement dans son sommeil, j'ai commandé aux enfants d'Atlantis de se déployer dans plusieurs directions pour se mêler au peuple de KHEM, afin que la sagesse éternelle sortent du sein des temps et s'élève à nouveau dans tous ses enfants.

À partir de ce moment, les enfants de KHEM grandirent dans la lumière de la connaissance arrosée par la pluie de ma sagesse. Le peuple de KHEM grandit lentement et étendit son territoire. Son âme s'éleva peu à peu.

C'est à cette époque que j'ai ouvert un passage vers l'Amenti afin de régénérer mes pouvoirs et pour survivre d'une époque à l'autre, comme un Soleil d'Atlantis, en conservant la sagesse et en préservant la Mémoire ancestrale.

Avec le pouvoir qui neutralise la gravité j'ai élevé au dessus de ce passage une énorme pyramide. En son sein j'ai construit une chambre secrète d'où part un passage circulaire qui mène presque au grand sommet.

Là, dans son Apex, j'ai installé un cristal qui envoyait un rayon dans l'espace temps afin d'attirer la force provenant de l'Éther et la concentrer sur le passage de l'Amenti. J'y ai construit d'autres chambres que j'ai laissé vides mais qui cachent les clefs de l'Amenti.

Périodiquement, lorsque le temps était venu, je retournais dans l'obscure Chambre d'Amenti, profondément dans les entrailles de la terre pour me présenter devant les Seigneurs du pouvoir, face à face avec le Gardien, devant l'entrée du passage qui mène vers l'Amenti.

Rares sont ceux qui affrontent ce passage qui descend vers l'obscure Amenti. Celui qui veut affronter courageusement les royaumes obscurs doit tout d'abord se purifier par un long jeûne et s'étendre dans le sarcophage. Ensuite je viens le rencontrer dans l'obscurité absolu et je lui révèle les grands mystères.

À partir de ce moment, moi THOTH, Maître de la Sagesse, je l'accompagne pour toujours.

J'ai construit la Grande pyramide en m'inspirant de la pyramide naturelle des forces de la terre afin qu'elle brûle éternellement et qu'elle demeure à travers les âges. Dans sa forme j'ai inscrit mon savoir de la Science Magique afin qu'elle soit toujours disponible lorsque je reviens de l'Amenti.

Ainsi, lorsque je dormirai dans la Chambre de l'Amenti, mon Âme s'incarnera à nouveau parmi les hommes, sous cette forme ou sous une autre.

Ô Hermès le Trois fois né. Émissaire du Gardien sur la Terre, je réponds à tes commandements afin que plusieurs de tes enfants puissent être élevés à cette dignité.

Maintenant que je t'ai révélé ces mystères, il est temps que je retourne dans la Chambre de l'Amenti, en laissant derrière moi un peu de ma sagesse. Préserve toi et garde précieusement le commandement du Gardien :

LÈVE TOUJOURS PLUS HAUT TES YEUX

VERS LA LUMIÈRE

Et maintenant me voici à nouveau uni au Maître. Par ma dignité naturelle et mon vouloir je suis UN avec le grand TOUT CE QUI EST.

Je vous quitte pour un temps. Gardez et vivez mes commandements et ainsi je serai avec vous pour vous aider et vous guider vers la lumière.

Maintenant devant moi s'ouvre le Portail où je m'enfonce dans la noirceur de la nuit.

TABLETTE 02 : LA CHAMBRE DE L'AMENTI

La chambre de l'Amenti, chambre de la Vie et de la mort qui baigne dans le feu du Tout infini, repose dans le cœur profond de la terre, loin en dessous du continent englouti d'Atlantide.

Il y a très longtemps, perdus dans l'espace-temps, les enfants de la lumière regardèrent le monde pour constater que les enfant des hommes étaient emprisonnés par une Force qui vient de l'au-delà. Ils savaient qu'ils pourraient s'élever de la terre au Soleil s'ils parvenaient à se libérer de l'emprise de ce pouvoir obscur. Pour les aider ils s'incarnèrent dans des corps qui ressemblaient à ceux des hommes.

Les maîtres dirent : "Nous sommes formés de la poussière de l'espace et nous partageons la vie du Tout infini. Nous vivons comme les enfants des hommes et pourtant nous sommes différents d'eux.

Ils utilisèrent leur pouvoir pour ouvrir de grands espaces, très profondément au cœur de la croûte terrestre, isolés des enfants des hommes. Protégés par leurs pouvoirs et leurs forces c'est ainsi qu'ils se protégèrent de la Chambre de la mort.

Ils ouvrirent beaucoup d'autres espaces qu'ils inondèrent de la lumière d'en haut et y apportèrent de nouvelles formes de vies. Ils construisirent les Chambres de l'Amenti pour se régénérer et vivre jusqu'à la fin éternelle.

Il y eut 32 enfants de la lumière qui s'incarnèrent parmi les hommes pour les libérer de l'emprise des forces de l'obscurité de l'au-delà.

Dans les profondeurs de la Chambre de la vie une fleur de lumière se mit à grandir et à prendre de la force pour repousser la nuit. Au cœur de cette fleur émanait un rayon d'un grand pouvoir qui donnait la vie, la lumière et le pouvoir à tous ceux qui s'en approchaient.

Autour de cette fleur, ils firent un cercle avec 32 trônes où les enfants de la lumière pouvaient s'immerger dans cette radiance et se remplir de la lumière éternelle.

Périodiquement, à chaque mille ans, ils trônent durant cent ans, avec leur premier corps de lumière afin qu'il puisse s'imprégner de l'Esprit de la Vie. C'est là que depuis le fond des âges, inconnus des hommes, ils accélèrent et éveillent l'Esprit de la vie. Ils reposent dans les Chambres de la vie laissant leur âme rayonner et imprégner les corps des hommes. Inconnus des races humaines, près du feu froid de la vie, les enfants de la lumière siègent et vivent éternellement dans la Chambre de la vie.

D'une époque à l'autre, pendant que leur corps de lumière sommeille, ils s'incarnent dans le corps des hommes et leurs enseignent comment sortir de l'obscurité pour aller vers la lumière. C'est alors qu'ils s'éveillent et sortent des profondeurs pour devenir des lumières infinies parmi les mortels.

Il en est de même de celui qui s'élève progressivement de l'obscurité profonde de la terre intérieure et qui se propulse lui-même hors de la nuit. Il se libère des Chambres de l'Amenti pour éclore comme une fleur de lumière et avec sa sagesse il enseigne aux hommes à devenir des Maîtres de la vie et à se libérer de l'obscurité de la nuit.

Silencieux, étranges et redoutables, vêtus de leur pouvoir, différents et pourtant unis aux enfants des hommes, ces êtres attirent à eux la force de vie. UN AVEC LES ENFANTS DE LA LUMIÈRE ils observent les limites qui entourent les hommes et se tiennent disponibles pour les aider à s'en affranchir lorsque la lumière arrivera à point.

Au cœur de la flamme éternelle résident les sept seigneurs de l'espace-temps qui aident et guident les enfants des hommes dans le passage qui traverse le temps.

Au centre se trouve le neuf infini (9) qui prend la forme d'un cercle entier qui projette son bras selon son intention, c'est lui le Seigneur des seigneurs. Redoutable dans sa présence voilée il préside aux grands cycles cosmiques. Il surveille et mesure la progression des hommes.

Autour de LUI, siègent les six Seigneurs des cycles : trois, quatre, cinq, six, sept et huit. Eux aussi sont libres des contingences de l'espace et du temps. Chacun a sa mission et son pouvoir pour diriger et aider la destinée des hommes. Ils ne sont pas de ce monde et pourtant ils sont les frères des hommes. Ils surveillent la progression de la lumière parmi les hommes et les soutiennent avec leur sagesse.

Durant mon périple au sœur de l'Amenti je fus conduit par le Gardien qui était UN avec le grand Un. Une voix profonde qui sortait de l'infini me dit :

"Te voici devant moi THOTH, celui qui parmi les enfants des hommes détiens le grand Art. Tu es Maître de la vie libéré dans les Chambres de l'Amenti. Tu es celui qui ne connaît pas la mort à moins de le vouloir, celui qui boit à la source de la vie jusqu'à la fin de l'éternité. Tu es CELUI QUI TIENS LA MORT AU BOUT DE SES MAINS.

Soleil des hommes tu te régénères dans les Chambres de l'Amenti où tu vas et tu viens selon ton désir.

Tu reprends vie dans la forme que tu désires, Ô fils de la lumière parmi les hommes. Tu choisis le travail qui te conviens et tu poursuis ton oeuvre sans relâche sur le sentier de la lumière où tes pas te mènent toujours plus en avant vers la montagne de la lumière. Cette montagne qui devient toujours plus haute à mesure que tu t'en approches tout comme le but devient plus grand à mesure que tu progresses.

Sans cesse tu t'approches de l'infini sagesse qui se cache dans le but. Ton passage dans les Chambres de l'Amenti te rend libre de marcher main dans la main avec les Seigneurs de ce monde et avec tous ceux qui apportent la lumière aux enfants des hommes."

C'est alors qu'un des Maîtres se leva de son trône et me guida à travers les Chambres des terres profondes et secrètes de l'Amenti pour me dévoiler des mystères inconnus de l'homme. Il me conduisit dans le passage obscur jusqu'à la Chambre ou siège la Mort noire. Cette grande Chambre était vaste et, bien que dans l'obscurité absolue, elle était remplie d'une forme de lumière immanente.

Devant moi se dressait un grand trône d'obscurité sur lequel siégeait une figure voilée. Elle était plus noire que noire, d'une noirceur qui n'était pas celle de la nuit. Le Maître s'arrêta devant elle et de la voix qui donne la vie, il dit :

"Ô Maître de l'obscurité, berger qui montre la voie d'une vie à l'autre, JE TE PRÉSENTE UN SOLEIL DU MATIN.

Ne plonge pas sa lumière dans l'obscurité. Rends-le invulnérable au pouvoir de la nuit. Reconnais-le et acceptes-le comme un de nos frères qui se sont élevés de l'obscurité à la lumière. Laisse sa lumière s'épanouir librement dans la nuit, libère sa flamme de la servitude".

À ces mots, la forme obscure étendit la main d'où s'éleva une flamme claire et brillante qui repoussa le rideau de l'obscurité et qui éclaira la Chambre. Tout l'espace s'embrasa comme si l'obscurité elle même était le combustible qui alimentait le feu. Des myriades de fleurs de feu éclataient en gerbes pour allumer encore plus d'étincelles qui se répandaient dans la nuit en projetant une lumière diffuse.

Entourée d'un voile d'obscurité qui lui servait de combustible éternel, ces étoiles de lumière brillaient sans qu'il soit possible de rassasier leur soif d'éclairer. Allant et venant comme des lucioles au printemps, elles remplissaient l'espace de Lumière et de Vie.

C'est alors qu'une voix puissante et solennelle se fit à nouveau entendre :

"Voici les lumières que sont les âmes des hommes, elles grandissent et décroissent à jamais, toujours vivantes dans le changement de la vie et de la mort.

Lorsqu'elles ont monté en fleur et atteint le zénith de leur croissance je projette le voile de l'obscurité qui va les transmuer en de nouvelles formes de vie. C'est ainsi qu'elles iront d'une époque à l'autre, sans cesse en croissance, d'une flamme à l'autre, pour illuminer l'obscurité avec un plus grand pouvoir, rassasiées et en même temps non rassasiées par le voile de la nuit.

C'est ainsi que l'âme de l'homme se déploie sans cesse en grandissant, rassasiée et pourtant non rassasiée par l'obscurité de la nuit.

Moi, la Mort, je viens et pourtant je suis éphémère puisque la Vie éternelle existe partout. Sur le chemin éternel je ne suis qu'un obstacle qui est vite conquis pour la lumière infinie. Je suis le combustible du feu éternel.

Éveilles toi Ô flamme qui brûle sans cesse à l'intérieur et qui conquiert le voile de la nuit".

C'est alors que toutes les flammes réunies éclatèrent et fusionnèrent jusqu'à ce qu'il ne reste rien d'autre que de la lumière solide. Alors la voix du maître se fit à nouveau entendre :

"Regarde ton âme comme elle grandit dans la lumière ; libérée à jamais du Seigneur de la nuit".

Il me guida à travers de grands espaces pour découvrir les mystères des Enfants de la Lumière ; mystères que l'homme peut connaître s'il devient lui-même un Soleil de lumière. Au retour il me guida vers la Chambre de lumière pour me prosterner devant les grands Maîtres, les Seigneurs des cycles de l'au-delà. Avec une voix très puissante il ajouta :

"Maintenant que tu es devenu libre de la Chambre de l'Amenti, choisi quel travail tu veux accomplir parmi les enfants des hommes."

Je lui répondis :

"Ô, grand Maître, laisse moi devenir un enseignant des hommes, afin de les guider à l'aller et au retour ; jusqu'au moment où ils deviendront à leur tour des lumières parmi les hommes en se libérant du voile de la nuit qui les entoure, rayonnants comme la lumière qui doit briller parmi les hommes.

La voix répondit :

"Qu'il en soit ainsi. Tu es maître de ta destinée ; libre de prendre ou de rejeter selon ton vouloir. Empare toi du sceptre du pouvoir et de la sagesse. Brille comme une lumière éclatante parmi les enfants des hommes."

Et ainsi, le Gardien me ramena en haut pour vivre comme SOLEIL DE LUMIÈRE, FEU PARMI LES HOMMES, afin de leur enseigner ma voie et de leur apprendre un peu de ma sagesse.

TABLETTE 03 : LA CLEF DE LA SAGESSE

M oi, Thoth, l'Atlante, je donne librement aux enfants des hommes ma sagesse, mon savoir et mon pouvoir afin qu'ils puissent à leur tour disposer de la sagesse et du pouvoir de transpercer le voile de la nuit grâce à la vigueur de leur lumière.

Homme, ne sois pas vaniteux car Sagesse est pouvoir et pouvoir est sagesse afin de contribuer à la perfection du Tout. Sache que tu dois échanger avec l'ignorant et avec le savant. S'ils viennent à toi écoute-les car la sagesse est en Tout.

Ne reste pas silencieux lorsque le mal est prononcé car la vérité brille au dessus de tout, comme le Soleil. Celui qui contrevient à la Loi se punira lui-même parce que c'est à travers cette loi que l'Homme acquiert sa liberté.

Ne laisse pas la peur te submerger car la peur est un obstacle, une chaîne qui retient les hommes dans l'obscurité. Durant ta vie active écoute ton cœur et suis ce qu'il te conseille. Aucune richesse ne te sera utile si tu t'ouvres à ses conseils et si tu suis sa voie. Jamais tu ne perdras si tu suis ton cœur.

Ceux qui sont guidés ne deviendront pas des cendres alors que ceux qui sont perdus ne pourront trouver une voie sûre.

Lorsque tu vas parmi les hommes sache que l'amour éclairé de soi est le commencement et la fin du cœur.

Si quelqu'un vient vers toi pour obtenir un conseil laisse le parler librement afin qu'il puisse exprimer sa véritable intention et réaliser ce que son cœur désir. S'il hésite à s'ouvrir c'est qu'il perçoit que tu le juges mal.

N'écoute pas et ne répète pas des propos extravagants puisque leur émission n'est pas en équilibre.

Sache que le silence et l'écoute peuvent donner une grande sagesse à ton interlocuteur alors que le bavardage lui sera inutile.

Ne t'exalte pas devant les autres de peur d'être rabaissé comme la poussière. Si tu dois être un grand homme, sois-le pour ta connaissance et ta gentillesse.

Pour connaître la nature de quelqu'un évite les opinions des autres et passe du temps seul avec lui. En discutant et en observant ses comportements tu connaîtras son cœur. Ce qui est gardé en réserve viendra en avant et tu partageras avec lui.

Le fou considère la sagesse et la connaissance comme de l'ignorance et les choses qui sont profitables le heurteront. Il vit dans la mort qui est son aliment.

Le Sage laisse parler son cœur et garde le silence avec sa bouche. Toi homme, écoute la voie de la sagesse, écoute la voie de la Lumière. Les mystères qui émergent du Cosmos illuminent le monde de leur lumière.

Celui qui veut se libérer de l'obscurité doit tout d'abord séparer le matériel de l'immatériel, le feu de la terre ; parce que tout comme la terre descend avec la terre le feu monte avec le feu et devient un avec le Feu.

Celui qui connaît le feu en lui s'élèvera pour rejoindre le feu éternel et reposera en lui pour l'éternité.

LE FEU INTÉRIEUR EST LA PLUS GRANDE DE TOUTES LES FORCES parce qu'il a su pénétrer la matière et toutes les choses de la terre. C'est lui qui surpasse toutes les choses.

Sache que si la matière n'existait pas il faudrait l'inventer. Pour se tenir debout l'homme doit s'appuyer sur ce qui résiste. Ainsi, la terre doit résister à l'homme sans quoi il ne pourrait exister.

Tous les yeux ne voient pas la même chose, la forme et la couleur d'un même objet seront perçues différemment selon les yeux qui le regardent. De la même façon, le feu infini passe d'une couleur à l'autre et n'est jamais le même d'une journée à l'autre.

Écoute la sagesse de THOTH, l'homme est un feu qui brûle et qui éclaire à travers la nuit. Ce feu n'est jamais assouvi, même recouvert du voile de l'obscurité et de la nuit.

En regardant le cœur des hommes avec ma sagesse j'ai vu qu'ils sont enchaînés. Libère ton feu de ses chaînes, ô mon frère, si tu ne veux pas qu'il soit englouti par l'ombre de la nuit.

Sois attentif et écoute ma sagesse : quand le nom et la forme cessent-ils ? Dans la conscience invisible et infinie, dans cette force radiante et brillante.

La forme que l'homme constitue en clarifiant sa vision est un effet qui provient d'une cause. Pour un temps, l'homme est une étoile attachée à un corps, jusqu'au moment où elle se libère de ce poids. C'est alors qu'après un dernier moment suprême de luttes et d'efforts elle émerge dans une autre vie

Celui qui connaît l'origine de toutes choses libère à jamais son étoile du royaume de la nuit. Rappelle toi, ô homme, TOUT CE QUI EXISTE EST SIMPLEMENT UNE AUTRE FORME DE CE QUI N'EXISTE PAS. Tout passe éternellement d'une forme à une autre forme d'être et tu n'es pas une exception.

Apprécies cette Loi, parce que tout est Loi.

Ne recherche pas ce qui est en dehors de cette Loi parce que ce ne sont que des illusions de tes sens. La plus grande illusion est de croire qu'il n'y a pas d'illusions.

La Sagesse vient à tous ses enfants lorsqu'ils viennent à la sagesse. Depuis des époques reculées la lumière fut cachée. Éveille toi homme et sois sage.

J'ai voyagé au cœur des mystères profonds de la vie pour chercher ce qui avait été caché. Écoute maintenant ce que j'ai à te dire Ô homme et sois Sage.

Très profondément sous la croûte terrestre, dans les Chambres de l'Amenti, j'ai vu des mystères qui sont dissimulés aux hommes. J'ai voyagé souvent dans ce passage caché à la recherche de la Lumière qui est la Vie des hommes. Là où les fleurs de vie sont toujours vivantes j'ai sondé les cœurs et les secrets des hommes. J'ai vu que l'homme vit dans l'obscurité sans savoir que ce grand Feu est caché en lui, dans la terre de son corps.

C'est devant les Seigneurs de la secrète Amenti que j'ai appris la Sagesse que je donne maintenant aux hommes. Ce sont les maîtres de la grande Sagesse secrète qui provient du futur de la fin infinie.

Je t'ai déjà révélé que les Seigneurs de l'Amenti sont au nombre de sept. Sept suzerains, enfants du matin, Soleils des périodes et maîtres de la sagesse.

Ce ne sont pas des enfants des hommes. On les appellent TROIS, QUATRE, CINQ, SIX, SEPT, HUIT ET NEUF. Sans forme tout en donnant forme aux hommes ils proviennent du futur pour leur enseigner.

Sans vie et pourtant ils vivent pour toujours. Ils ne sont pas enchaînés à la vie et sont libres de la mort. Ils gouvernent pour toujours avec leur infini sagesse, attachés et pourtant libres des Chambres de la mort. Ces seigneurs du Tout sont libres de tout et en eux se trouve la vie qui pourtant n'est pas la vie. Ces instruments qui donnent le pouvoir sur tout proviennent du Logos primordial. Vastes dans leurs limites, cachés par leur petitesse, formés par le sans forme, connus et pourtant inconnus.

Le TROIS détient la clef de toute magie cachée. C'est lui le créateur des Chambres de la mort ; il déploie son pouvoir pour enfermer les âmes des hommes dans l'obscurité. C'est le régisseur de tout ce qui est négatif pour les enfants des hommes.

Le QUATRE permet de se libérer du pouvoir du trois. C'est le Seigneur de la vie pour les enfants des hommes. Son corps est de lumière et les flammes sont ses modes d'expression. C'est le libérateur des âmes des enfants des hommes.

CINQ est le maître, le Seigneur de toute magie, la clef du VERBE qui résonne parmi les hommes

SIX est le Seigneur de la lumière, le sentier caché que suivent les âmes des hommes.

SEPT est le Seigneur de l'immensité de l'espace et la clef des Temps.

HUIT régule le progrès et ses étapes. Il pèse et équilibre le voyage des hommes.

NEUF est le père. Son mode d'expression est vase. Il prend forme et se transforme à partir du sans forme.

Médite sur ces symboles que je te donne. Ce sont les clefs cachées aux hommes. Monte toujours plus haut Ô Âme du matin. Élève tes pensées vers la lumière et la vie et TU TROUVERAS DANS LES CLEFS DES NOMBRES LA LUMIÈRE QUI ÉCLAIRERA TON CHEMIN D'UNE VIE À L'AUTRE.

Recherche la Sagesse et tourne tes pensées vers ton royaume intérieur. Ne ferme pas ton esprit à la fleur de lumière. Développe une forme pensée pour chacun des nombres. Ensuite fusionne cette pensée avec ton corps. Pense aux nombres qui guident ta vie. Le sentier de celui qui possède la sagesse est toujours clair. Ouvre la porte du royaume de la lumière.

Projette tes flammes comme le Soleil du matin. Éloigne l'obscurité et vit dans la lumière du jour.

PRENDS AVEC TOI CES SEPT CLEFS ET CONSIDÈRE LES COMME PARTIE DE TON ÊTRE. LES SEPT QUI SONT MAIS QUI NE SONT PAS CE QU'ILS SEMBLENT.

Ouvre toi Homme, prends ma sagesse. Suis le sentier que j'ai ouvert pour toi Ô Maître de la Sagesse, Soleil de la lumière du matin et de la vie pour les enfants des hommes.

TABLETTE 04 : LE NATIF DE L'ESPACE

Homme, écoute la voix de la Sagesse que j'ai amassée depuis le début du temps et de l'espace à l'origine de ce cycle cosmique.

Moi THOTH, l'enseignant des hommes, je suis de Tout ce qui est ; le Maître des mystères, le Soleil du matin, l'enfant de la Lumière qui brille de tout son éclat.

Il y a longtemps durant mon enfance dans la fabuleuse Atlantide, je contemplais les étoiles en rêvant de mystères qui dépassent les hommes. C'est alors que dans mon cœur grandit le désir de conquérir le sentier qui mène aux étoiles.

Durant des années j'ai cherché de nouvelles connaissances en suivant la voie de la Sagesse jusqu'au moment où mon âme s'est enfin libérée de ses entraves pour s'envoler. J'étais enfin libre des limites des hommes de la terre. Affranchi de mon corps j'ai bondi dans la nuit. L'espace des étoiles venait enfin de s'ouvrir. J'étais libre des entraves de la nuit. J'ai parcouru l'espace sans fin, bien au delà des connaissances et des limites des hommes. Loin dans l'espace, mon âme a voyagé librement dans le cercle infini de la lumière. J'ai vu de gigantesques planètes et des mondes étranges qui dépassent les rêves des hommes. J'ai découvert que la grande Loi, dans toute sa beauté, est la même là-bas qu'ici parmi les hommes. Emporté par les scintillements de mon âme à travers la beauté infinie, j'ai voyagé avec mes pensées à travers l'espace.

Je me suis reposé sur une planète de beauté où l'harmonie palpitait dans l'air. Il y avait là des formes qui se déplaçaient dans un ordre parfait, grandes et majestueuses comme des étoiles dans la nuit. Elles s'harmonisaient dans un équilibre ordonné, symboles de la Loi cosmique.

Nombreuses sont les étoiles que j'ai croisées durant mon voyage, nombreux les mondes habités par d'étranges races d'hommes ; certains sont aussi évolués que les étoiles du matin, d'autres écrasés par la torpeur de la nuit. Tous et chacun persévèrent vers le haut, appréciant les sommets conquis et colmatant les brèches, parfois dans la clarté parfois dans l'obscurité, ils travaillent à augmenter la lumière.

Homme, la lumière est ton héritage. Sache que l'obscurité n'est qu'un voile. Scellée dans ton cœur se trouve la clarté éternelle qui attend l'occasion pour conquérir un peu plus de liberté et pour enlever le voile de la nuit.

J'ai aussi rencontré des êtres qui ont conquis l'Éther et qui se sont affranchis de l'espace tout en demeurant des hommes. Loin dans l'espace, en utilisant la force qui est la fondation de toutes choses, ils ont constitué une planète. Là, grâce à cette force qui baigne toute la création ils savent condenser et précipiter l'Éther dans des formes qui se développent selon leur vouloir. Fabuleux par leur science, grands par leur sagesse, voilà les enfants des étoiles. Longtemps je me suis arrêté pour contempler leur sagesse et je les ai vu construire de gigantesques cités d'or et de rose à partir de l'Éther.

Formé à partir de l'élément primordial, base de toute matière, l'Éther est la quintessence universelle. Les enfants des étoiles savent constituer une image dans leur esprit pour qu'aussitôt l'Éther se condense et se matérialise dans la forme choisie et commence à grandir. C'est dans un lointain passé qu'ils ont conquis l'Éther et qu'ils se sont libérés de la servitude du travail. Dans ce voyage de mon âme à travers le Cosmos j'ai vu d'anciennes et de nouvelles choses pour apprendre que l'homme est aussi un enfant de l'espace, un Soleil du Soleil, un enfant des étoiles.

Sache que partout où il se trouve l'homme est un avec les étoiles. Leur corps ne sont rien d'autres que des planètes qui tournent autour du soleil central.

Regarde le Soleil, regarde la terre et vois que tout cela est un tout. La terre est du Soleil inversé. Quand tu prends conscience de ta lumière tu t'installes sur le soleil, tu es le soleil qui contemple sa création. Lorsque tu t'installes dans la lumière de la sagesse, tu deviens libre de briller dans l'Éther - tu es un des Soleils qui brillent dans l'obscurité, un des enfants de l'espace qui grandissent dans la lumière. Un frère de la constellation des étoiles.

Tout comme les étoiles perdent de leur éclat en allant vers le matin, l'âme avance sans cesse en laissant derrière elle l'obscurité de la nuit pour fusionner dans la lumière. Comme les étoiles l'âme se forme à partir de l'Éther primordial et se remplit de la clarté qui coule de la source. Elle fusionne avec l'Éther qui l'encercle et qui l'enflamme jusqu'au moment de sa libération.

Élève ta flamme AU DESSUS DES TÉNÈBRES QU'EST L'ÉTHER et envole toi de la nuit pour trouver ta liberté.

C'est ainsi que j'ai voyagé dans l'espace temps, en sachant que mon âme était enfin libre, en sachant que je pouvais maintenant grandir en sagesse. Jusqu'au moment où j'ai enfin passé dans un plan au-delà du savoir et de la sagesse, au-delà de tout ce qui est imaginable. Et là, homme, mon âme fut inondée de joie en découvrant que j'étais enfin libre.

Écoute, enfant de l'espace, écoute ma sagesse, sache que toi aussi tu seras libre. Écoute encore, Homme, sois attentif à ma sagesse, écoute ma voix qui te dis que toi aussi tu peux vivre et être libre. Nous ne sommes pas de la terre, mais des enfants de l'infinie lumière cosmique. Ne vois-tu pas, O homme, quel est ton héritage ? Ne vois-tu pas que tu es lumière véritable ? Soleil du Grand Soleil tu seras. Lorsque tu auras acquis la Sagesse tu deviendras conscient de ton appartenance à la lumière. Je te donne maintenant mon savoir et la liberté de marcher sur le sentier que je t'ai ouvert grâce à mes efforts et qui te conduira vers les étoiles.

Sois attentif, O homme, prends conscience de ton asservissement et découvre comment te libérer de tes durs labeurs. Tu émergeras enfin de l'obscurité, un avec la lumière, un avec les étoiles.

Sache que c'est seulement en restant sur les sentiers de la sagesse que tu pourras t'élever du royaume inférieur. La destinée de l'homme le ramène toujours dans les courbes du Tout infini.

Sache, O homme, que l'ordre est partout dans l'espace. Ne cherche pas à l'obtenir de force car il est déjà présent, il n'y a qu'à le laisser être. C'est seulement en te conformant à l'ordre que tu deviens Un avec le Tout. L'ordre et l'équilibre sont les lois du Cosmos. Suis les et tu deviendras Un avec le Tout.

Celui qui veut suivre la voie de la Sagesse doit s'ouvrir à la fleur de vie et laisser sa conscience sortir de l'obscurité pour s'envoler dans l'espace et le temps du Grand Tout.

LE SILENCE

Tu dois tout d'abord te maintenir dans le silence jusqu'au point où tu te libéreras de tes désirs et de ton envie de parler dans le pur silence. Tu te libéreras de l'asservissement des mots en faisant la conquête du silence.

LE JEUNE

Tu dois aussi t'abstenir de manger jusqu'au moment où tu auras vaincu le désir des aliments, qui sont les liens qui enserrent l'âme.

LA NOIRCEUR

Allonge toi ensuite dans l'obscurité. Ferme tes yeux à la lumière et concentre la force de ton âme dans le centre de ta conscience, afin de la libérer des attaches de la nuit.

VISUALISE ET SOIS ÉNERGIQUE

Places dans ton esprit l'image de ce que tu désires. Visualise l'endroit que tu souhaites voir et laisse toi porter par ton pouvoir pour libérer ton âme de sa nuit. Utilise toute ta force pour l'ébranler afin qu'elle se libère.

La flamme cosmique est d'une puissance qui dépasse les mots. Elle traverse tous les plans inconnus des hommes, redoutable et équilibrée, elle se déplace en ordre et en harmonie avec la musique qui dépasse l'homme. La flamme du Tout éternel s'exprime avec la musique et chante avec la couleur.

Toi aussi tu es une étincelle de cette flamme O mon enfant, toi aussi tu brûles avec la couleur et tu vis avec la musique. Écoute la voix et tu seras libre.

La conscience libérée fusionne avec le cosmos où elle devient Une avec l'Ordre et s'aligne avec le Tout. Ne vois tu pas que de l'obscurité la lumière doit jaillir et que sa flamme doit bondir toujours en avant. Vois ici le symbole du Tout.

Récite cette prière pour atteindre la sagesse. Prie pour qu'advienne la lumière du Tout. "Redoutable ESPRIT de LUMIÈRE qui brille à travers le Cosmos, accorde ma flamme avec la tienne. Aimant du feu qui est Un avec le Tout, élève mon feu au dessus de l'obscurité. Toi le redoutable et puissant, soulève mon âme. Enfant de la lumière, ne t'éloigne pas de moi. Attire à moi le pouvoir de me reposer dans ta fournaise ardente ; Un avec Tout et Tout avec Un, feu qui anime ma vie et qui est Un avec le Cerveau."

Lorsque ton âme sera enfin libérée de ses liens l'obscurité s'éloignera de toi. Libéré des chaînes qui t'attachent à la chair, tu peux maintenant poursuivre ta quête sans fin de sagesse à travers l'espace infini. Avance et monte vers les royaumes de lumière ; dans le soleil du matin tu scintilles librement O âme. Enfant de la lumière tu es le mouvement de la liberté qui avance dans l'ordre et l'harmonie. Recherche et garde ma Clef de Sagesse. Alors tu seras enfin libre.

TABLETTE 05 : L'HABITANT DE UNAL

J'ai souvent rêvé de l'Atlantide qui fut ensevelie dans la nuit des temps et qui durant des millénaires éclaira l'obscurité de tous ses feux. C'est là que vécu HORLET le Seigneur qui régna sur la terre de toutes les créatures grâce à son pouvoir fabuleux.

De son temple le maître de UNAL était le Rois des nations, le Sage parmi les sages, la Lumière de SUNTAL, le Gardien de la voie et la Lumière de la terre durant l'époque de l'Atlantide. Le maître HORLET provenait d'un autre plan. Bien qu'il se soit incarné dans un corps d'homme il les dépassait tous par son savoir. Il fut le Soleil de son époque.

Détenteur de la Sagesse universelle, il enseigna aux hommes la voie de la Lumière et de la réalisation. Il maîtrisa l'obscurité et conduisit l'âme des hommes vers des sommets qui étaient Un avec la lumière.

Avec le pouvoir de YTOLAN il savait condenser l'ETHER pour constituer une substance palpable qui prenait la forme qu'il concevait avec son esprit.

D'une couleur noire sans être noire, obscure comme l'espace-temps, cette substance était L'ESSENCE DE LA LUMIÈRE.

Il divisa la terre en dix royaumes qu'il confia au gouvernement des hommes et dans le onzième l'habitant de UNAL construisit un temple fabuleux grâce au pouvoir de son Logos qui moulait et formait l'Ether selon son vouloir. Espace après espace, ce temple se mit à grandir et s'étendit sur une superficie de plusieurs lieux jusqu'à couvrir l'île de ses splendeurs.

TABLETTE 06 : LA CLEF DE LA MAGIE

Ô homme, écoute la sagesse de la magie. Écoute le savoir des pouvoirs oubliés.

Il y a très longtemps, à l'époque des premiers hommes, il y eut une guerre entre l'obscurité et la lumière. Comme c'est encore le cas maintenant, les hommes étaient à la fois de lumière et d'obscurité. Déjà à cette époque l'éternel combat faisait rage. De toutes les époques et sur tous les plans, cette lutte incessante se poursuit toujours.

Les adeptes des deux camps se combattirent audacieusement à travers les âges en utilisant des pouvoirs étranges, inconnus des hommes. Tantôt les adeptes de l'obscurité faisaient reculer la clarté mais les maîtres de la clarté résistaient audacieusement et combattaient les ténèbres ; à chaque fois les chevaliers de la lumière revenaient en force pour conquérir la nuit.

C'est ainsi qu'il y a très longtemps, les Soleils du matin qui descendaient des royaumes supérieurs trouvèrent le monde envahit par la nuit et c'est alors que débuta cette bataille séculaire entre l'obscurité et la lumière. Mais ils étaient tellement nombreux à être remplis de ténèbres que la lumière était une toute petite flamme dans la nuit. Et les maîtres des ténèbres essayaient de l'attirer dans leur nuit éternelle. Ils voulaient resserrer les chaînes qui gardaient les hommes captifs des griffes de la nuit. Ils utilisaient une magie noire qui fut apportée aux hommes par le pouvoir des ténèbres, une magie qui enveloppait l'âme de noirceur.

LES FRÈRES DE TÉNÈBRES formèrent une bande qui à travers les âges s'opposa aux enfants des hommes. Ils se déplaçaient toujours en secret et se dissimulaient des hommes. On disait qu'ils étaient ceux qui étaient là et qui pourtant n'étaient pas là. Ils se déplacent dans le noir et se tiennent à l'abri de la lumière, derrière le voile de la nuit. En secret et silencieusement, ils utilisent leurs pouvoirs pour asservir et enfermer l'âme des hommes. Invisibles ; ils vont et ils viennent.

C'est à cause de son ignorance que l'homme les attire d'en dessous.

Les FRÈRES DES TÉNÈBRES voyagent à l'intérieur d'une obscurité qui n'est pas celle de la nuit. Ils utilisent les pouvoirs obscurs et mystérieux qui proviennent des ténèbres pour attirer d'autres habitants de leur royaume. Leur savoir interdit est redoutable parce qu'il provient des forces de la nuit.

Ils se déplacent sur la terre à travers les rêves des hommes où ils peuvent faire irruption dans leur espace mental pour les enfermer dans le voile de la nuit. S'ils se laissent faire, leur âme sera enfermée dans les chaînes des ténèbres pour le reste de leur vie.

Écoute moi O Homme et sois attentif à mon avertissement pour te libérer des griffes de la nuit. Ne laisse pas ton âme capituler devant les FRÈRES DE L'OBSCURITÉ. Tourne ton visage vers la lumière éternelle. Sache que la misère provient du voile de la nuit. Écoute mon avertissement et sois constant dans tes efforts pour monter et tourner ton âme vers la LUMIÈRE.

Sache que LES FRÈRES DES TÉNÈBRES veulent recruter ceux qui ont voyagé sur le sentier de la LUMIÈRE. Ils savent très bien que ceux qui dans leur quête de LUMIÈRE se sont approchés du SOLEIL disposent en fait de pouvoirs encore plus grand pour enfermer les autres enfants de la lumière dans l'obscurité.

Écoute celui qui vient vers toi O Homme. Évalue soigneusement si mes paroles sont celles de la LUMIÈRE. Il y en a beaucoup qui sont brillants dans leur obscurité et qui pourtant ne sont pas des enfants de la LUMIÈRE. Leur sentier est facile à suivre. Ils montrent tous la voie de la facilité attirante.

Alors écoute bien mon avertissement O Homme, parce que la lumière vient seulement à celui qui fait des efforts et qui persévère. Il est difficile le sentier qui conduit à la sagesse et qui mène à la LUMIÈRE. Plusieurs pierres obstruent ce sentier. Il y a plusieurs montagnes à gravir vers la lumière. Ne te laisse pas tromper par l'illusion de l'effort matérialiste en vue de se procurer des biens. Ce n'est pas de cela qu'il s'agit. Nous parlons de l'effort en vue d'intensifier sa lumière intérieure et de pouvoir traverser le voile de la nuit comme un SOLEIL DE LUMIÈRE. Regarde les étoiles et les soleils du Cosmos et tu comprendras qu'ils voyagent depuis toujours à travers les grandes ténèbres de l'espace infini. Et pourtant ils demeurent intacts et brillants. Voilà l'effort demandé, rester brillant et lumineux tout en traversant les ténèbres les plus obscures. Et ce n'est pas une mince tâche. Voilà pourquoi les Soleils de lumière durent de toute éternité ; "parce qu'ils sont constants dans leurs efforts".

Sache, O homme, que celui qui ira jusqu'au bout du sentier de LUMIÈRE sera libre.

NE SUIS JAMAIS LE SENTIER DE LA FACILITÉ QUE TE PROPOSENT LES FRÈRES DE L'OBSCURITÉ. Parce que ce sentier te conduira à la diminution et à l'extinction de ta lumière.

Reste avec nous. Pour toujours sois un enfant de la LUMIÈRE. Demeure dans la constellation des étoiles fixes. Sache qu'à la fin, la clarté vaincra toujours et que les ténèbres de la nuit seront bannies par la LUMIÈRE.

Écoute, O homme et fais attention à ma sagesse.

"TOUT COMME L'OBSCURITÉ, AINSI EST LA LUMIÈRE".

TABLETTE 07 : LES SEPT SEIGNEURS

É coute ma voix O homme. Ouvre l'espace de ton esprit et abreuve toi de ma sagesse.

Le sentier de la VIE sur lequel tu voyages est obscur. Plusieurs pièges se cachent sur ta voie. Alors soit inlassable dans ta quête de la sagesse qui éclairera ton chemin.

Ouvre ton âme à l'énergie cosmique et laisse la couler pour qu'elle devienne UNE avec TON ÂME.

Sache que la LUMIÈRE est éternelle et que les ténèbres sont passagères. Recherche sans cesse la LUMIÈRE parce qu'à mesure qu'elle remplit ton être elle fait disparaître l'obscurité. Ouvre ton âme aux FRÈRES DE LA CLARTÉ. Laisse les entrer pour qu'ils te remplissent de la LUMIÈRE.

Lève tes yeux vers la lumière du Cosmos et garde ton regard tourné vers le but. C'est seulement par la lumière de la sagesse que tu deviens UN avec le but infini. Recherche sans cesse l'éternel UN et dirige toi sans cesse vers la lumière du But. La lumière est infinie et l'obscurité n'est qu'un voile fini. Cherche sans cesse à déchirer ce voile d'obscurité.

Écoute moi, O homme, écoute ma voix qui chante LA MÉLODIE DE LA LUMIÈRE ET DE LA VIE.

Sois assuré que partout dans l'immensité de la création la LUMIÈRE est toujours dominante et qu'elle englobe tout de ses bannières de flamme. De même que l'infini existe caché et dissimulé dans le fini, ainsi en creusant sans cesse à travers le voile des Ténèbres tu trouveras la LUMIÈRE. De la même façon, perdu et flottant à travers le Tout, tu découvriras l'existence du CERVEAU INFINI qui vit à travers le TOUT CE QUI EST. Vois ici la lumière que tu cherches, celle de l'intelligence universelle et lumineuse. Dans tout l'espace il n'y a qu'UNE SAGESSE. Même si elle semble parfois fragmentée elle est UNE AVEC L'UN. Tout ce qui existe provient de la LUMIÈRE qui elle-même provient du TOUT.

Tout ce qui est créé est basé sur L'ORDRE. La LOI ordonne l'espace partout à l'infini. Les grandes époques de l'histoire se dirigent en harmonie et en équilibre vers l'éternité de la fin. Sache, O homme, que loin dans l'espace temps, l'INFINI lui-même se transformera.

Écoute moi et sois attentif à la Voix de la Sagesse : Sache que Tout est en Tout pour toujours.

Sache qu'avec le temps tu trouveras davantage de sagesse et de lumière sur ton chemin.

Ton but est une cible en mouvement. A mesure que tu t'approcheras du but tu le verras se dérober devant toi et prendre une autre forme.

Il y a très longtemps, dans les Chambres de l'Amenti, moi Thoth, guidé par le Gardien, j'ai comparu devant les puissants Seigneurs des cycles cosmiques dont une bonne part de leur pouvoir et leur immense Sagesse reste encore à dévoiler.

J'avais la liberté de me joindre à eux mais j'ai préféré continuer mon chemin.

Souvent je suis descendu vers l'obscur sentier qui mène dans la Chambre où la LUMIÈRE brille à jamais. Là, les Maîtres des cycles m'ont appris un savoir qui provient du TOUT INFINI.

J'avais plusieurs questions à leur poser. Leurs réponses étaient toutes empreintes de la Grande Sagesse. C'est pourquoi je te donne maintenant cette Sagesse qui provient des flammes du feu de l'infini.

Cachés profondément dans LES CHAMBRES OBSCURES, ils

sont les SEPT formes de conscience qui régissent les grands cycles extérieurs. Encore aujourd'hui, les Sept grands pouvoirs livrent leurs messages aux hommes. Depuis toujours, je me tiens près d'eux afin de percevoir leurs paroles qui se prononcent sans un son.

Un jour ils m'ont dit : "O homme, aimerais-tu acquérir plus de sagesse ? Alors recherche-la dans le cœur de la flamme. Aimerais-tu connaître les arcanes du pouvoir ?Alors cherche les dans le cœur de la flamme. Aimerais-tu être un avec le cœur de la flamme ?Alors cherche-la à travers ta propre flamme cachée."Pendant longtemps ils m'ont parlé pour m'enseigner une Sagesse qui vient d'en haut et qui n'est pas de ce monde ; ils m'ont indiqué de nouveaux sentiers qui mènent vers la clarté. Ils m'ont donné un savoir opérationnel qui provient de la Loi et de l'Ordre du Tout.

Les SEPT se sont adressés ainsi à moi : "Homme, nous venons de loin, très loin au delà du temps. Nous avons voyagé au delà de l'ESPACE-TEMPS là où se trouve l'origine de la fin infinie. Avant que toi et tes frères n'ayez pris forme, nous étions déjà formés dans l'ordre du TOUT. Nous ne sommes pas des hommes et pourtant nous fûmes aussi des hommes. Nous provenons directement du vide originel, avec Ordre et selon la LOI. Maintenant tu sais que la forme est sans forme. La forme n'existe que pour les yeux."

Les SEPT poursuivirent : "Thoth, tu es un enfant de la LUMIÈRE. Tu es libre de voyager sur le sentier de clarté pour monter jusqu'au point où tous les UNS deviennent UN.

Sache que nous avons été formés en suivant l'ordre naturel :

TROIS, QUATRE, CINQ, SIX, SEPT, HUIT, NEUF.
3 4 5 6 7 8 9

Sache que nous suivons le même nombre de cycles dans notre descente jusqu'à l'homme : trois, quatre, cinq, six, sept, huit et neuf.

Chacun a son rôle à jouer et détient le pouvoir de contrôler une force spécifique. Nous faisons UN avec l'âme du cycle qui nous est propre.

Et nous aussi nous poursuivons un but qui dépasse l'entendement de l'homme ; l'Infini s'accroît jusqu'au point de dépasser le TOUT.

Ainsi, dans un temps qui n'est pas encore en son temps, NOUS DEVIENDRONS TOUS UN AVEC -UN PLUS GRAND QUE LE TOUT-.

Le temps et l'espace se déplacent en cercle. Reconnais cette loi et toi aussi tu seras libre. Toi aussi tu seras libre de traverser les cycles pour passer devant les gardiens qui se tiennent devant la porte." C'est alors que la voix de NEUF parla : "J'existe depuis le début des temps, sans connaître la vie et sans subir la mort. Il faut que tu saches, Ô homme, que loin dans le futur, la vie et la mort seront réunies dans le TOUT. Chacun s'équilibrera dans l'Unité du TOUT.

Pour les hommes de cette époque, la Force de vie semble fragile, mais cette vie est destinée à devenir Une avec le TOUT. Je suis présent dans cette époque et pourtant j'existe déjà dans le futur. Mais pour moi le temps n'existe pas puisque je proviens du sans forme.

Nous n'avons pas la vie et pourtant nous existons, plus complètement, plus grands et plus libres que vous. L'homme est une flamme attachée à une montagne, mais nous, sur notre plan, nous sommes libres à jamais. Il faut que tu saches, O homme, que lorsque cette époque aura passé, la vie elle même aura passé dans le royaume des ténèbres. Seule l'essence de l'âme survivra." L'essence vibrante du vouloir...

Alors le HUIT s'adressa à moi : "Le TOUT est contenu dans le petit et pourtant vous n'avez pas encore accédé au Grand. Mon origine est loin dans l'espace ; là où règne la LUMIÈRE suprême. Je suis apparu dans la LUMIÈRE. Je suis venu au monde mais pas comme vous. Ma forme sans forme est venue sous forme de CORPS DE LUMIÈRE.

Je ne connais ni la VIE ni la MORT et pourtant je suis maître de tout ce qui existe. Toi qui cherche sur le sentier obstrué par des obstacles, poursuis ton voyage, va sur le chemin qui conduit à la lumière."

Alors le NEUF s'adressa à nouveau à moi :

"Recherche le sentier qui mène vers l'au-delà parce qu'il est possible de développer une conscience plus haute. En voici le signe : Lorsque le DEUX devient UN et que UNE devient le TOUT alors sache que la barrière s'est levée et que la voie est libre. Développe ta forme pour qu'elle passe dans le sans-forme et tu seras libre."

C'est ainsi qu'à travers les âges j'ai écouté ce conseil qui m'indique la voie vers le TOUT. J'élève mes pensées vers le TOUT CHOSE. Seul le Sans forme peut appréhender le TOUT.

Et voici ce que me dit le TOUT CE QUI EST.

"O LUMIÈRE qui pénètre tout, UNE avec TOUT et TOUT avec UN, Descend en moi à travers le canal. Inonde moi de tes rayons Afin que je devienne libre. Rend moi UNE avec l'ÂME-TOUT Qui brille dans l'obscurité de la nuit. Rend moi libre de l'espace-temps Libre du voile de la nuit. Moi, Enfant de la lumière Voici que je commande : Je suis libre à jamais de l'obscurité."

Je suis l'ÂME LUMIÈRE sans forme. Sans forme et pourtant je brille comme la lumière. Je sais que les liens de l'obscurité doivent se dénouer et s'évanouir devant la lumière. Voici ma sagesse. Libre tu seras, O homme, puisque tu vivras dans la lumière et la clarté. Garde ton regard vers la lumière. Ton âme habite dans le royaume de la lumière. Tu es un enfant de la lumière. Tourne tes pensées vers l'intérieur et non pas vers l'extérieur. C'est au centre que tu trouveras l'âme de lumière.Sache que tu est le MAÎTRE. Le monde des apparences et toutes les illusions qui se présentent devant toi proviennent du dedans. Tu en es le créateur. Alors continue à grandir dans le royaume de la clarté et garde tes pensées dans la lumière. Tu est un avec le Cosmos, une flamme et un enfant de la lumière. En toi se trouve ta connexion avec le TOUT RAYONNANT DE LUMIÈRE. C'est pourquoi je te mets en garde : ne laisse pas tes pensées s'égarer vers la croyance que la lumière provient de l'extérieur de toi.

Sache que la lumière rayonne à partir de toi pour toujours. Sois comme un soleil au centre de son univers. Tu brilles et tu éclaires le monde que tu as toi même créé. Reste au centre Ô Soleil de lumière. Éclaire ta création pour toujours.

Ne te laisse pas séduire par les frères des ténèbres qui te montrent la CLARTÉ OBSCURE. La lumière réfléchie n'est pas la lumière solaire. Ne te laisse pas séduire par la lumière artificielle qu'on veut projeter vers toi pour te donner l'illusion que tu existes. Tu es le centre, tu es celui qui éclaire. Tu es SOLEIL DE LUMIÈRE de ton univers. Garde toujours tes yeux dans cette direction et ton âme en accord avec la LUMIÈRE CENTRALE.

Prends ma sagesse et garde là précieusement. Écoute ma voix et aligne toi sur ce que je te dis. Reste sur le sentier de la clarté et tu seras UN avec la Voie.

TABLETTE 08 : LA CLEF DES MYSTÈRES

Homme, je t'ai donné mon savoir et ma lumière. Maintenant sois attentif et reçois ma sagesse qui provient des dimensions de l'au-delà. Sache que je me suis libéré de toutes les dimensions et de tous les plans de l'existence.

Dans chacun d'entre eux je dispose d'un corps, dans chacun d'entre eux je peux changer de forme à ma guise. Mais je sais que le sans-forme précède la forme.

Voici la sagesse du SEPT. Ils sont puissants ceux qui viennent de l'au-delà. Ils se manifestent grâce à leurs pouvoirs qui sont alimentés par la force de l'au-delà. Écoute la voix de la sagesse et fais-la tienne.

Découvre le SANS-FORME et vois qu'il s'agit de la clé de l'au-delà.

Le mystère est un savoir caché qu'il faut connaître et dévoiler. Découvres avec moi cette sagesse enfouie et deviens le maître des ténèbres et de la lumière.

Il y a de nombreux mystères autour de toi où se dissimulent des secrets profonds et anciens. Utilise les clés de ma sagesse pour en découvrir la voie.

Le chemin du pouvoir est gardé secret mais celui qui cherche recevra ce qu'il demande. Regarde la lumière! O mon frère. Ouvres toi et tu recevras ce que tu veux. Mais auparavant, empresse toi de traverser la vallée de ténèbres pour vaincre le gardien de la nuit. Garde toujours tes yeux tournés vers la DIMENSION DE LUMIERE et tu seras UN avec la LUMIERE.

L'homme est actuellement dans un processus de changement et de mutation vers des formes qui ne sont pas de ce monde. Il se dirige vers le SANS-FORME dans une dimension au-delà.

SACHE QUE TU DOIS TOUT D'ABORD DEVENIR "SANS FORME" SI TU VEUX DEVENIR UN AVEC LA LUMIERE.

Écoute moi, O homme, ma voix t'indique ici le sentier qui mène à la lumière, la voie qui te permettra de devenir UN AVEC LA LUMIERE. Apprends que la Loi cosmique qui maintient les étoiles en équilibre provient de la nuée primordiale. Cherche dans les mystères qui se cachent dans le cœur de la terre. Recherche la flamme qui anime la vie terrestre. Baigne toi dans l'éclat de ce feu. Reste sur le sentier à trois coins jusqu'au moment où tu deviendras flamme.

Adresse les paroles sans voix à ceux qui habitent le royaume d'en dessous. Entre dans le temple de la flamme bleue et baignes toi dans le feu de la vie.

Sache, O homme, que tu es un être de terre et de feu. Laisse ta flamme briller dans tous ses éclats. Deviens le feu.

La sagesse est cachée dans l'obscurité de ta terre. Enfant de la lumière voici ma sagesse, lorsque la flamme de ton âme est allumée te voilà devenu un glorieux Soleil de lumière sans forme. Garde toujours ma sagesse qui se trouve dans le cœur de cette flamme.

Sache que c'est seulement par la persévérance que la Lumière se déversera dans ton cerveau. Maintenant que je t'ai donné ma sagesse, écoute ma voix et obéit. Le voile des ténèbres se déchire et laisse apparaître une lumière qui t'indique le chemin.

Et maintenant je vais te parler de l'ancienne Atlantide, je vais te parler du Royaume des ombres et de la venue des enfants de l'ombre.

Ce fut un jour sombre lorsque les hommes voulurent plus de pouvoir et invoquèrent ceux qui viennent de l'abysse.

Dans une très lointaine époque avant l'Atlantide, il y avait des hommes qui exploraient les ténèbres et qui utilisèrent la magie noire pour invoquer des êtres qui habitent dans les grandes profondeurs que nous avons en dessous.

À cause de ces invocations, ces êtres parvinrent à la surface et arrivèrent dans cette époque. Auparavant ils étaient des entités sans forme qui vibraient à un niveau invisible pour les hommes.

C'est grâce au sang des hommes et à travers eux qu'ils purent arriver dans notre monde.

C'est alors que vinrent des maîtres habiles qui réussirent à les refouler dans leur royaume obscur. Mais certaines de ces entités réussirent à se cacher dans des espaces et des dimensions inconnus des hommes.

Elles vécurent à l'époque de l'Atlantide sous la forme d'ombres qui de temps en temps apparaissaient aux hommes.

Elles purent s'installer parmi les hommes à cause de sacrifices humains où le sang était répandu

Elles purent prendre la forme des hommes mais seulement en apparence. Lorsque leur déguisement était enlevé elles avaient des têtes de serpent. Elles réussirent à s'infiltrer dans les lieux de rassemblement des hommes en prenant leur forme. Par la suite elles réussirent à exterminer les chefs des royaumes, à prendre leur forme et à dominer le peuple.

A partir du royaume des ombres elles voulaient détruire les hommes et prendre leur place.

Leur stratagème était très habile, seule la magie pouvait les démasquer. Certaines invocations sonores permettaient de voir leur vrai visage. Mais heureusement il y avait de grands Mages capables de neutraliser le voile qui masquait leur face de serpent et de les refouler dans leur domaine.

Ces maîtres enseignèrent à l'homme les mots et les incantations que seuls les hommes pouvaient prononcer. C'est ainsi qu'ils purent démasquer les serpents et les éloigner des hommes.

Mais soyez vigilants, les serpents sont toujours vivants, à certaines époques une porte peut s'ouvrir dans la dimension où ils habitent.

Invisibles, ils peuvent se déplacer dans certains lieux où des rituels ont été accomplis et si les temps sont propices ils pourront prendre la forme de l'homme.

Ils peuvent être invoqués par le maître qui connaît le blanc et le noir, mais seul le maître blanc peut les contrôler et les déjouer lorsqu'ils habitent un corps. C'est pourquoi je te conjure d'éviter le royaume des ombres, sinon le mal va sûrement apparaître.

Sache, ô mon frère que la peur est un très grand obstacle. Seul le maître de la clarté et de l'amour peut conquérir l'ombre de la peur. Affirmes toi comme le maître de la clarté et l'ombre s'évanouira aussitôt.

Écoute et fais attention à ma sagesse; la voix de la LUMIERE EST CLAIRE. Ne recherche pas la vallée des ombres et seule la lumière sera présente.

Écoute la profondeur de ma sagesse, ô homme, moi qui te parle d'un savoir caché aux hommes. J'ai voyagé très loin à travers l'ESPACE-TEMPS, jusqu'à la limite de l'espace de cette époque où j'ai trouvé une grande barrière qui empêche l'homme de quitter cette époque.

J'ai vu les Cerbères qui gardent cette barrière et qui attendent ceux qui veulent passer. Dans cette dimension où le temps n'existe pas, j'ai ressenti ces gardiens de notre époque.

Sache, ô homme, que l'Ame qui ose passer la Barrière peut être retenue par les Cerbères qui se cachent au delà du temps jusqu'au moment où les temps seront accomplis. Lorsque la conscience s'en ira il restera en arrière.

Ces gardiens se déplacent toujours selon des lignes et des angles. Ils ne sont pas capables de se mouvoir dans des dimensions courbes.

Ils sont étranges et terribles ces gardiens de la Barrière. Ils peuvent traquer la conscience jusqu'aux limites de l'espace. Ils peuvent te suivre jusque dans ton corps et poursuivre ton âme grâce à des angles et des droites.

C'est pourquoi seul le cercle te donnera la protection et te sauvera des griffes des GARDIENS DES ANGLES.

Il y a longtemps je me suis approché de la grande Barrière et sur des rivages où le temps n'existe pas, j'ai vu la forme sans forme des Cerbères de la Barrière.

Dissimulés dans le brouillard au delà de temps ils m'ont immédiatement sentis et se sont mis à ma poursuite afin d'engloutir mon âme en lançant leurs cris semblables à une cloche qui peut être entendue d'une dimension à l'autre.

Je me suis alors enfui pour revenir de la fin des temps mais ils m'ont poursuivi en se déplaçant selon des angles étranges et inconnus des hommes. J'ai volé en cercle pour revenir dans mon corps suivi de près par les dévoreurs qui se déplaçaient sur des lignes droites et des angles pour prendre mon âme.

Je suis revenu dans mon corps en faisant des cercles sans aucun angle. J'ai constitué une forme parfaite et ferme comme une sphère où j'ai protégé mon corps pendant que mes poursuivants se perdaient dans les cercles du temps.

C'est pourquoi, même lorsque je me déplace en dehors de mon corps, je fais toujours attention à ne pas me déplacer selon des angles, sinon mon âme pourrait ne jamais être libre.

Rappelle toi que les Cerbères de la Barrière se déplacent toujours à l'angle et jamais dans les courbes de l'espace. En te déplaçant dans des mouvements circulaires tu pourras leur échapper puisqu'ils te poursuivront dans des angles.

Ecoute mon avertissement ô homme, ne laisse pas la porte de l'au-delà ouverte. Rares sont ceux qui ont réussis à traverser la barrière pour atteindre la grande LUMIERE qui brille au delà. Les gardiens recherchent ces âmes afin de les asservir.

Ne te déplace pas à l'angle mais toujours en suivant des courbes. Si tu entends un son semblable à des aboiements de chiens de chasse qui retentissent comme une cloche à travers ton être alors reviens vite à ton corps en te déplaçant en cercle et ne retournes pas dans le brouillard. Lorsque tu es revenu dans ta forme habituelle utilises la croix et le cercle pour te protéger. Ouvre grand ta bouche et utilise la VOIX.

Prononce le MOT et tu seras libre.

Seul celui qui détient la grande LUMIERE peut espérer traverser la Grande Barrière et échapper aux Cerbères.

Seul l'illuminé peut se déplacer selon des courbes étranges et selon des angles qui vont dans des directions inconnues des hommes.

Écoute moi bien, ô homme, avant de passer la Barrière et échapper aux gardiens il faut tout d'abord que tu intensifies ta lumière et que tu te rendes capable de traverser l'épreuve.

La LUMIERE est la fin ultime, ô mon frère, recherche et trouve cette lumière sur la VOIE.

TABLETTE 09 : LA CLE DE LA LIBERATION DE L'ESPACE

E coute moi attentivement, O homme, je vais t'enseigner la Sagesse et la lumière appropriée pour cette époque ; je vais t'apprendre à chasser les ténèbres et à apporter la lumière dans ta vie.

Voici le point central de mon enseignement qui va te permettre de parcourir le sentier qui te permettra de VIVRE ETERNELLEMENT, COMME UN SOLEIL, et de repousser le voile de l'obscurité.

Travaille à devenir la lumière du monde. Deviens un vaisseau de lumière, un point focal pour le Soleil de ce système. Élève tes yeux vers le Cosmos et la LUMIERE. Prononce les mots du Gardien, l'incantation qui appelle la lumière vers toi. Chantes la liberté et la chanson de l'âme.

Élève ta vibration à un niveau où tu deviendras UN AVEC LE TOUT et qui te permettra de fusionner avec le Cosmos. Deviens UN avec la Lumière pour accomplir sa LOI de clarté et d'ordre dans le monde.

Cette LUMIERE, O homme, est la GRANDE LUMIERE qui brille à travers l'ombre de ta chair. Mais pour devenir UN AVEC LA LUMIERE il faut t'élever au dessus des ténèbres et des ombres qui t'entourent.

La vie coule sans cesse pour te remplir mais sache que tu dois t'élever de ton corps et te rendre dans d'autres dimensions qui sont toujours une avec toi.

Regarde autour de toi et remarque que c'est ta propre lumière qui se reflète partout. À travers les ténèbres tu poursuis ta course en ouvrant le chemin par ta propre Lumière. Voilà la sagesse que tu dois conserver dans ton cœur O Soleil de lumière.

Ne te laisse pas trahir par ton corps, reste sur le chemin de la vibration de lumière. Abstiens toi de succomber à la voie ténébreuse qui te trompe en te laissant croire que la lumière est extérieure à toi. Tu es lumière. Tu es soleil.

Sache que cet enseignement est resté intact depuis le début des temps depuis l'origine de L'AME DU TOUT. Voilà la Sagesse qui transforme le chaos en harmonie en vertu de la LOI de la GRANDE VOIE.

Ecoute, O homme, l'enseignement de la sagesse. Écoute cette voie qui te guide depuis la nuit des temps. Je te raconterai cette sagesse cachée dans l'origine du monde, perdu dans le brouillard de l'obscurité qui m'entoure.

Sache, homme, que tu es l'ultime de toutes choses. Ce savoir fut perdu lorsque l'homme s'est laissé ligoter par les chaînes des ténèbres.

Il y a très longtemps je fus projeté hors de mon corps et j'ai voyagé librement dans l'immensité de l'éther pour encercler les angles qui maintiennent l'homme dans sa prison. Oui, ce sont ses croyances, ses petits dogmes, ses rigidités qui sont autant d'angles et de point de vue qui le maintiennent prisonnier alors que moi je circule librement en tournant librement autour des idées et des concepts.

Sache, O homme, que tu n'es qu'esprit et pensée. Le corps n'est rien sinon une sensation dans laquelle se dissimulent tes intentions.

L'âme est tout ; ne laisse pas ton corps devenir une chaîne. Repousses l'obscurité et déplace toi librement dans la Lumière. Dématérialise ton corps et deviens libre. Sois une lumière qui est UNE avec la LUMIERE.

Lorsque tu voyages librement dans l'espace comme un SOLEIL DE LUMIERE tu vois que l'espace n'est pas infini mais qu'il est borné par des angles et des courbes.

Tout ce qui existe n'est qu'un aspect de plus grandes choses qui doivent venir. La matière est fluide et coule comme un ruisseau. Elle passe constamment d'une forme à une autre. Cette connaissance existe depuis le fond des âges et elle est restée intacte même si elle fut parfois ensevelie dans les ténèbres et oubliée par l'homme.

Savais-tu que dans l'espace que tu habites maintenant il y en a d'aussi grands que toi. Par l'intermédiaire de la matière de ton corps ils sont intimement reliés à toi et à tes préoccupations actuelles tout en occupant un espace distinct du tien.

Il y a longtemps, Moi, THOTH, j'ai ouvert une porte qui m'a permis de pénétrer dans d'autres espaces et d'y apprendre les secrets qui y étaient cachés.

Il y a plusieurs mystères qui sont cachés dans l'essence de la matière. Il y a NEUF dimensions qui s'entrecroisent tout comme il y a NEUF cycles dans l'espace. NEUF sont les diffusions de la conscience et NEUF sont les mondes contenus dans les mondes.

Et NEUF sont les seigneurs des cycles qui proviennent d'en haut et d'en bas.

L'espace est rempli d'espaces cachés parce que l'espace est divisé par le temps. Recherche LA CLE DE L'ESPACE-TEMPS et tu pourras ouvrir la barrière. La conscience existe partout à travers l'espace-temps. Bien que notre savoir soit caché il existe pour toujours.

La clé des mondes qui se cachent en vous ne se trouve qu'à l'intérieur de vous. Il y a plusieurs passerelles vers le mystère mais la clé est UNE AVEC L'UN.

Cherche à l'intérieur du cercle et utilises le mot que je vais te donner. Ouvre le passage à l'intérieur de toi et toi aussi tu vivras.

L'homme croit qu'il vit mais sache que la vie est dans la mort. Tant que tu es enchaîné à ton corps il n'y a pas vraiment de vie. Seule l'âme se meut dans un espace libre et possède la vie qui est vraiment la vie. Tout le reste est servitude, un esclavage dont il faut se libérer.

Ne crois pas que l'homme est d'origine terrestre, même s'il croit provenir de la terre. L'homme est un esprit qui provient de la lumière.

Mais tant qu'il n'en prend pas conscience il ne peut être libre. Les ténèbres encerclent l'être de lumière et enchaînent l'âme. Seul celui qui cherche peut espérer devenir libre.

Les ombres autour de toi se dissipent, les ténèbres emplissent l'espace. Brilles de tous tes feux O AME DE LUMIERE et inondes de tes rayons l'obscurité de l'espace.

Tu es véritablement un SOLEIL DE LA GRANDE LUMIERE. Rappelles toi de cela et tu seras libre.

Sors de l'obscurité, ne reste pas dans le monde des ombres ; émerges des ténèbres de la nuit comme un SOLEIL ROYAL DU MATIN.

LUMIERE, O TOI SOLEIL NAISSANT. Te voici rempli de la gloire de la lumière, libéré des liens obscurs. Une âme qui est UNE AVEC LA LUMIERE. VOILA LA CLE DE TOUTES LES SAGESSES.

A l'intérieur de toi se trouve L'ESPACE et LE TEMPS. Libère toi des entraves de l'obscurité. De la nuit, libère ton CORPS DE LUMIERE.

"Grande Lumière qui remplit le Cosmos, coule en abondance à travers l'homme. Transforme son corps en une torche de lumière qui ne pourra jamais être éteinte parmi les hommes."

Il y a très longtemps dans le passé, j'ai cherché une Sagesse, un savoir ignoré des hommes. J'ai voyagé jusqu'aux confins de l'espace, là où commence le temps, pour rechercher de nouveaux savoirs afin de compléter ma sagesse et découvrir que seul le futur détient la clef de la sagesse que j'y ai trouvé.

Je suis descendu dans les CHAMBRES DE L'AMENTI pour rechercher de plus grands savoirs et j'ai demandé aux SEIGNEURS DES GRANDS CYCLES de m'indiquer la voie qui me conduira à la sagesse que je recherche. "Où se trouve la source du GRAND TOUT ?" leur ai-je demandé. Le GRAND SEIGNEUR DU NEUF m'a alors répondu de sa voix éclatante :

"Libère ton âme de ton corps et viens avec moi vers la LUMIERE"

J'ai alors surgit de mon corps, tel une flamme resplendissante dans la nuit. Debout devant les SEIGNEURS, je baignais dans le feu de LA VIE.

Je fus alors saisi par une force qui dépasse l'entendement et qui me projeta vers l'abysse et des espaces inconnus de l'homme.

Là j'ai vu comment l'ordre se forme à partir du chaos et des angles de la nuit. Et ensuite j'ai vu comment la lumière jaillit de l'Ordre et j'ai entendu la voie de la Lumière.

J'ai vu la flamme émergée de l'Abysse se projeter en avant pour produire l'Ordre et la Lumière.

LA LUMIERE JAILLISSANT PAR SOI-MEME DES TENEBRES.

J'ai vu l'Ordre émerger du chaos.

La lumière émerger de l'Ordre.

La vie émerger de la lumière.

C'est alors que j'ai entendu la voix me dire :

"Ecoute et comprends. La flamme est la source de toute chose. Elle contient toutes les choses en potentialité. Le VERBE EST L'ORDRE qui produit la lumière. La vie provient du VERBE ET IL EN EST DE MEME DE TOUT CE QUI EXISTE."

La voix divine poursuivit :

"Ce que tu appelles la VIE EN TOI c'est le VERBE. Retrouves cette vie en toi et tu trouveras les pouvoirs pour utiliser ce VERBE".

J'ai contemplé longtemps cette torche de lumière qui provenait de l'essence du feu. J'ai réalisé que LA VIE EST ORDRE ET L'HOMME EST UN AVEC LE FEU.

Ensuite je suis revenu dans mon corps et j'ai été vers le NEUF pour entendre à nouveau la voix des CYCLES. Avec ses pouvoirs vibrants elle me dit :

"Sache O THOTH que LA VIE EST LE VERBE DU FEU. La force de vie que tu recherches est le verbe qui se montre comme un feu dans le monde. Suis la voie du VERBE et les pouvoirs viendront de surcroît." Alors j'ai demandé au NEUF :

"Seigneur, montres-moi cette voie qui mène à la sagesse, apprends moi la voie du VERBE." Il me répondit :

"Tu trouveras cette voie à travers l'ORDRE. Ne vois-tu pas que le VERBE provient du Chaos ? Ne vois-tu pas que la Lumière provient du Feu ? Observe dans ta vie où sont les désordres. Équilibre et ordonne ta vie. Apaise le Chaos de tes émotions et l'ordre s'installera dans ta vie.

L'ORDRE qui sortira du Chaos apportera avec lui le VERBE DE LA SOURCE qui te donnera le pouvoir des CYCLES. Il donnera à ton Ame une force de liberté qui s'étendra à travers les âges, UN PARFAIT SOLEIL DE LA SOURCE."

J'ai écouté attentivement cette voix et j'ai gardé dans mon cœur ces paroles. Par la suite j'ai constamment recherché l'ORDRE dans mes paroles à partir du VERBE.

Sache que celui qui veut atteindre cet état doit toujours se maintenir dans L'ORDRE. Parce que l'usage du VERBE à travers le désordre a toujours été et sera toujours impossible.

Garde bien ces conseils et guide ta vie en fonction d'eux.

Conquière le désordre et tu deviendras UN AVEC LE VERBE. Efforce toi de toujours augmenter la LUMIERE sur le sentier de la vie.

DEVIENS UN AVEC L'ETAT DU SOLEIL. SOIS UN SOLEIL DE LUMIERE. SOIS SEULEMENT LUMIERE.

GARDE DANS TES PENSEES MAINTIENS DANS TON ESPRIT L'IMAGE DE TON CORPS COMME ETANT UN AVEC LA LUMIERE.

SOIS UN CORPS DE LUMIERE.

RAPPELLE TOI QUE TOUT EST ORDRE QUI NAIT DU CHAOS POUR PARVENIR A LA LUMIERE.

LE TOUT EST ORDRE ET LA LUMIERE EMERGE DU CHAOS.

TABLETTE 10 : LA CLEF DU TEMPS

Écoute moi, Ô homme. Accepte ma sagesse. Découvre les mystères profonds et cachés de l'espace. Apprends quelle est cette PENSÉE qui se développe dans l'Abysse et qui apporte l'Ordre et l'harmonie dans l'espace.

Sache que tout ce qui existe provient de la Loi. Découvre donc la LOI et tu seras libre sans être limité par les chaînes de la nuit. Très loin dans des espaces étranges j'ai voyagé dans les profondeurs de l'abysse du temps pour apprendre d'étranges mystères et en découvrir de plus étranges encore jusqu'à la fin où tout sera révélé.

Sache qu'un mystère est un mystère parce que c'est une connaissance inconnue de l'homme. Lorsque tu auras sondé le cœur de tout le mystère alors le savoir et la sagesse t'appartiendront. LE TEMPS EST LE SECRET PAR LEQUEL TU PEUX TE LIBÉRER DE CET ESPACE. Pendant longtemps, moi Thoth, j'ai cherché la sagesse et je le ferai jusqu'à la fin de l'éternité parce que je sais que le but s'éloigne de moi à mesure que je m'en approche.

Même les SEIGNEURS DES CYCLES savent qu'ils n'ont pas atteint le but parce que leur sagesse leur apprend que LA VÉRITÉ GRANDIT SANS CESSE. Il n'y a pas un but ultime et final à atteindre il n'y a qu'une route que nous suivons à l'infini.

Il y a très longtemps, j'ai parlé au GARDIEN. Je lui ai demandé de me révéler les mystères de L'ESPACE et du TEMPS. La question qui surgit de mon être fut la suivante :

"Dis moi maître, qu'est-ce que le temps ?"

Le maître me répondit :

"Sache, Ô Thoth, qu'au commencement il y avait le VIDE et le NÉANT. Un néant sans espace-temps. C'est alors qu'une PENSÉE SURGIT DE CE NÉANT, une pensée décisive et envahissante qui remplit ce VIDE.

Il n'y avait alors aucune matière ; seulement une force, un mouvement, un vortex, une vibration provenant de cette pensée décisive qui remplissait le VIDE."

J'ai alors demandé au maître :

"Cette pensée est-elle éternelle ?"

Le Gardien me répondit.

"Au commencement il y avait une pensée éternelle. Pour qu'une pensée soit éternelle le temps doit exister. C'est pourquoi LA LOI DU TEMPS se mit à grandir DÈS LE COMMENCEMENT, DANS CETTE PENSÉE DÉCISIVE. Oui, le temps existe à travers l'espace. Il flotte dans un mouvement rythmique tranquille, dans un état immuable éternel. Le temps ne change pas, ce sont les choses qui changent dans le temps. Le temps est la force qui garde les événements séparés, chacun à sa juste place.

Le temps ne bouge pas, c'est toi qui te déplaces à travers le temps, au fur et à mesure que ta conscience se déplace d'une événement à l'autre.

A travers le temps tu maintiens l'éternelle unité de ton existence. Sache que même si à un moment dans le temps tu te sens fragmenté tu restes quand même UN à travers tous les temps."

Comme la voix du Gardien s'estompait, j'ai poursuivis ma méditation sur le temps. Je savais que ses paroles portaient une grande sagesse et me donnaient une piste pour explorer les mystères du temps. J'ai souvent médité sur les paroles du Gardien et j'ai cherché à résoudre le Mystère du temps.

J'ai découvert que le temps se déplaçait en suivant des angles ou des directions étranges. Je savais que seules les courbes pouvaient me fournir la clef que je cherchais pour avoir accès à l'espace-temps.

J'ai découvert que la seule façon de me libérer du temps associé à ces mouvements angulaires était de me déplacer vers le haut et vers la droite dans un mouvement circulaire.

Je suis alors sorti de mon corps, aspiré par les mouvements qui me transformaient dans le temps. Durant mes voyages, j'ai vu des choses étranges et j'ai percé le secret de plusieurs mystères. Loin dans le passé, j'ai vu les origines de l'homme et découvert que rien n'est vraiment nouveau.

Cherche, Ô homme, à trouver la voie qui mène vers ces nouveaux espaces qui se formeront sans cesse dans le temps. Mais rappelle-toi que seule la Lumière est ton but véritable ; recherche-la sans cesse et persévère dans ta quête.

Ne laisse jamais les ténèbres envahir ton cœur. Que ton âme soit lumière, un soleil sur la voie. Sache que dans la clarté éternelle ton âme n'est jamais enchaînée par les ténèbres, elle baigne toujours dans la lumière. Elle y brille comme un Soleil.

Sache que, même si ton âme est cachée dans l'obscurité elle demeure une étincelle de la flamme véritable. Elle est UNE avec la plus grande de toutes les Lumières. Trouve dans cette Lumière LA SOURCE le sens de ta quête. La Lumière est la vie ; sans la Grande Lumière rien ne peut exister. Que ce soit au cœur de la matière la plus dense ou enchaînée dans les ténèbres, la Lumière est toujours présente. Il arriva que j'étais dans les CHAMBRES DE L'AMENTI lorsque j'entendis la voix des Seigneurs de l'AMENTI qui prononçaient des paroles fortes et puissantes sur un ton qui retentissait à travers le silence. Ils psalmodiaient la chanson des cycles, les paroles qui ouvrent le sentier de l'au-delà. C'est alors que je vis le grand chemin s'ouvrir devant moi et je pus contempler l'AU-DELÀ pour un instant. Je vis les mouvements des grands cycles cosmiques. Ils étaient vastes et portés par la pensée de la SOURCE.

C'est alors que je compris que même l'Infini est en changement et qu'il se dirige vers une fin impensable. Je vis que le Cosmos est ORDRE et qu'il est lui même une partie de ce mouvement infini qui englobe tout l'espace, qu'il est un ORDRE à l'intérieur d'un niveau D'ORDRE supérieur, toujours en mouvement, harmonieux à travers l'espace.

Je vis que la Grande roue des cycles est comme de vastes cercles à travers le ciel. Je compris que tout être est en croissance vers un autre état d'être qui se manifestera dans de lointaines coordonnées ESPACE-TEMPS.

Je savais que certaines PAROLES ont un pouvoir qui peut ouvrir à des dimensions qui sont normalement cachées à l'homme. Le VERBE est porteur de la clé qui peut ouvrir ce qui est en haut et ce qui est en bas.

Écoute moi bien ô homme, retiens ce mot de puissance que je te laisse. Utilise-le et tu trouveras ce pouvoir dans sa sonorité.

Prononce le mot : "ZIN-URU" et tu trouveras le pouvoir. Mais pour qu'il soit efficace tu dois comprendre que l'homme est LUMIÈRE et que la LUMIÈRE EST HOMME.

Sois attentif, ô homme et entend ce que j'ai à te dire sur un mystère plus étrange que tout ce qui se trouve sous le Soleil.

Sache, ô homme, que l'espace est tout entier rempli d'univers contenus dans d'autres univers, des mondes entiers se superposent. Chacun est dans un autre et pourtant ils sont séparés par la LOI.

Un jour, dans ma recherche perpétuelle, j'ai ouvert une porte qui dissimule une profonde sagesse aux hommes.

J'ai attiré cette sagesse d'une autre dimension, elle qui était plus juste que les filles des hommes. Oui, je l'ai appelée des confins de l'espace afin qu'elle brille comme une Lumière dans le monde des hommes.

J'ai utilisé le tambour du Serpent et j'ai porté la robe pourpre et or. Sur ma tête j'ai placé la couronne d'Argent et autour de moi brillait le cercle de cinabre. J'ai levé mes bras et j'ai proféré l'invocation qui ouvre le sentier vers les dimensions de l'au-delà. C'est alors que j'ai appelé les SEIGNEURS des SIGNES dans leurs maisons :

"Seigneurs des deux horizons, gardiens des triples portes, tenez vous l'Un à ma droite et l'Un à ma gauche lorsque L'ÉTOILE S'ÉLÈVE SUR SON TRÔNE et gouverne dans son signe. Et toi, obscur prince d'ARULU, ouvre les portes de cette terre subtile et cachée relâche celle que tu tiens prisonnier. Écoutez moi, écoutez moi, écoutez moi, vous les Seigneurs obscurs et vous les ÉCLATANTS LUMINEUX, en vertu des noms secrets que je connais et que je peux prononcer, écoutez moi et obéissez à ma volonté."

J'ai alors enflammé le cercle et je l'ai appelé la Fille de lumière pour qu'elle vienne des dimensions de l'au delà, du domaine D'ARULU. J'ai traversé le feu sept fois et sept fois encore. J'ai jeûné sans prendre de liquide.

J'ai invoqué ARULU, du royaume d'EKERSHEGAL. J'ai invoqué la femme de Lumière et c'est alors que devant moi sont apparus les signes obscurs, oui, les signes des Seigneurs D'ARULU. Puis ils sont disparus pour laisser place à la Dame de Lumière.

Elle était maintenant libérée des SEIGNEURS de la nuit, libre de vivre dans la lumière du Soleil terrestre, libre de vivre comme UNE ENFANT DE LA LUMIÈRE.

Sois attentif et écoute moi, Ô mon enfant. La Magie est un savoir qui repose exclusivement sur la LOI. Ne crains pas le pouvoir qu'elle contient parce qu'elle s'aligne sur la LOI, comme les étoiles dans le ciel.

Sans le Savoir la Sagesse est magie mais n'est pas la LOI. Tu peux t'approcher davantage du Soleil en possédant ce savoir.

Écoute moi, mon enfant, suis mon enseignement. Recherche sans cesse la LUMIÈRE. Brille dans le monde des hommes et devient une lumière qui éclaire le sentier des hommes.

Suis moi et apprends ma magie. Sache que la force est avec toi si tu le veux. Ne crains pas le sentier qui te mènera vers la connaissance et évite le sentier ténébreux. La lumière est tienne, Ô homme, si seulement tu veux bien la prendre. Brise les chaînes qui te retiennent et tu seras libre.

Ton âme vit ligotée par ses craintes et ses peurs qui la gardent en esclavage. Ouvre tes yeux et vois le grand SOLEIL DE LUMIÈRE. Ne crains rien parce que tout ce qui devant toi est, est à toi. Sois le roi de lumière qui prend possession de son royaume.

La peur est le Seigneur du ténébreux ARULU ; celui qui n'a jamais fait face à la peur noire. Sache que la peur est une vibration qui provient de ceux qui sont eux-mêmes enchaînés par leurs peurs. Débarrasse toi de tes limites, Ô mon enfant, et marche dans la lumière de cette journée glorieuse. Ne laisse pas tes pensées aller vers l'obscurité et tu seras UN AVEC LA LUMIÈRE.

L'homme est le résultat de ses croyances, qu'il soit un frère des ténèbres ou un enfant de la Lumière. Viens dans la lumière mon enfant. Marche sur la route qui conduit au Soleil.

Sois attentif et écoute ma sagesse. Utilise le mot que je t'ai donné. Utilise le et tu trouveras la clé qui te permettra de devenir à jamais un ENFANT DE LA LUMIÈRE.

TABLETTE 11 : LA CLEF DE CE QUI EST EN HAUT ET DE CE QUI EST EN BAS

É coute-moi et sois attentif, ô enfant de KHEM, à ces paroles que je te donne et qui t'apporteront la lumière.

Sache, Ô homme, que j'ai connu tes pères et ceux qui furent les pères de tes pères il y a très longtemps.

J'ai traversé les époques sans connaître la mort et pourtant j'ai vécu parmi vous depuis le début du savoir afin de vous sortir des ténèbres de la nuit et vous conduire vers la Lumière de la grande Âme vers laquelle je me dirige sans cesse.

Sachez, vous les peuples parmi lesquels je marche, que moi Thoth, je possède la connaissance et toute la sagesse que les hommes ont accumulé depuis les jours anciens. J'ai été le gardien des secrets de la grande race, gardien de la clef qui mène à la vie. Depuis les jours ténébreux des origines, je t'ai apporté ces connaissances, ô mon enfant.

Écoute maintenant mes paroles de sagesse. Écoute le message que je t'apporte. Écoute ces paroles que je t'apporte et tu seras élevé des ténèbres vers la Lumière.

Il y a très longtemps, la première fois que je suis venu vers vous, je vous ai trouvé dans des cavernes rocheuses. Grâce à mon pouvoir et à ma sagesse je vous ai élevé pour que vous puissiez briller comme des hommes parmi les hommes. Oui, je vous ai trouvé sans aucune connaissance, juste un peu plus évolué que les animaux. J'ai alors allumé la flamme de la conscience jusqu'à ce qu'elle brille parmi les hommes.

Maintenant je vais te donner des connaissances anciennes qui dépassent la pensée actuelle de ta race.

Nous, de la grande Race, nous possédons un savoir qui dépasse de beaucoup celle de l'homme ; une sagesse qui provient des races stellaires. De grands maîtres de la sagesse vinrent parmi nous et je suis l'un d'eux.

Écoute pendant que je te livre cette sagesse. Utilise-la et tu deviendras libre.

Sache que dans la pyramide que j'ai construit se trouvent les CLEFS qui vont te montrer LA VOIE DE LA GRANDE VIE.

Trace une ligne qui part de la grande image (sphinx ?) que j'ai construite et qui va aller jusqu'à l'apex de la pyramide, construite comme un passage.

Trace une autre ligne qui est opposée à la première, en angle et en direction. En creusant à cet endroit tu trouveras ce que j'ai caché. L'entrée souterraine qui mène à des secrets qui y furent cachés avant les hommes.

Je vais maintenant t'entretenir sur le mystère des cycles qui se déplacent selon des mouvements qui sont étranges du point de vue du fini, puisqu'ils sont infinis et qu'ils dépassent l'entendement des hommes.

Au total il y a NEUF CYCLES ; neuf en haut et quatorze en bas, qui se déplacent en harmonie vers un lieu de rencontre qui se trouve dans le futur. Les SEIGNEURS DES CYCLES sont des unités de conscience envoyées pour unifier CECI avec le TOUT.

Ils sont à un niveau de conscience qui dépasse ces cycles et ils travaillent en harmonie avec la LOI.

Ils savent que quelques part dans le temps tout sera parfait. Il n'y aura plus alors ni de haut, ni de bas, mais tout sera UN dans une perfection infinie, dans une harmonie qui règnera dans l'UNITÉ DU TOUT.

Loin sous la surface de la terre, dans les CHAMBRES DE

L'AMENTI, siègent les SEPT SEIGNEURS DES CYCLES, et un HUITIÈME le SEIGNEUR D'EN DESSOUS.

Sache néanmoins que dans l'infini il n'y a ni au dessus, ni en dessous. Il n'y a et il n'y aura que L'UNITÉ DU TOUT lorsque tout sera achevé.

J'ai souvent voyagé dans les CHAMBRES DE L'AMENTI. Souvent je me suis présenté devant les SEPT SEIGNEURS DU TOUT. Je me suis abreuvé à la fontaine de leur sagesse et j'ai rempli mon corps et mon âme de leur Lumière.

Ils m'ont parlé des cycles et de la LOI qui leur donne les moyens d'exister.

Le SEIGNEUR DU NEUF s'est alors adressé à moi :

"Ô Thoth, tu es grand parmi les enfants de la terre mais il y a des mystères que tu ignores. Sache que tu proviens d'un espace-temps en dessous et que tu voyageras dans un espace-temps au dessus. Mais tu ne connais pas grand chose des mystères qui se cachent dans ces dimensions.

Sache que tu es un tout dans cette conscience et que tu es en même temps une cellule dans un processus de croissance.

La conscience sous-jacente à toi est en constante expansion et cela selon des modes différents que ceux que tu connais. Elle est également différente selon les êtres, même s'ils sont proches de toi. La façon dont tu t'es développé et qui se poursuit dans le présent fait en sorte que tu es un être qui est à la fois une cause et un effet. Aucune conscience ne revient sur le sentier qu'elle a déjà parcouru sinon tout ne serait que vaine répétition.

Chaque conscience de cette époque suit son propre chemin jusqu'à la fin ultime.

Chacune joue son rôle dans le Plan du Cosmos. Plus son cycle est grand et plus grande sont ses capacités et ses connaissances pour fusionner avec la Loi du Tout.

Ceux qui se situent au niveau des cycles plus petits travaillent sur des portions mineures de la Loi, alors que, nous qui sommes du cycle qui s'étend jusqu'à l'infini, nos efforts nous conduisent à élaborer une plus grande Loi.

Chacun a sa partition à jouer dans les cycles. Chacun a un travail à compléter sur sa voie.

Le cycle en dessous n'est pas vraiment en dessous mais il est là en fonction d'un besoin.

La fontaine de la sagesse qui propulse tous les cycles est constamment à la recherche de nouveaux savoirs et de nouveaux pouvoirs.

L'acquisition de nouvelles connaissances repose sur la pratique, et la sagesse provient seulement du savoir.

Tous les cycles proviennent de la Loi. Ils sont des moyens d'augmenter la conscience puisque la Loi est sur un plan qui est à la source du TOUT.

Le cycle qui se trouve en dessous n'est pas vraiment en dessous mais dans un autre espace et un autre temps. C'est pourquoi il ne vibre pas au même niveau. Mais la conscience de ce niveau travaille et élabore des choses qui vibrent à un niveau inférieur que le tien.

Ce qui est en haut est comme ce qui est en bas. Sache donc que tout comme tu travailles à un niveau supérieur, il y en a d'autres qui sont au-dessus et qui travaillent sur un autre plan avec d'autres lois.

La seule différence qu'il y a entre les cycles est dans la capacité de travailler avec la Loi.

Nous, qui travaillons dans des cycles au delà, sommes ceux qui avons émergés les premiers de la SOURCE. Dans notre périple à travers l'espace temps nous avons acquis la capacité d'utiliser des Lois tellement vastes qu'elles dépassent de beaucoup la conception de l'homme. En fait il n'y a rien qui soit en dessous de toi, ce sont seulement des façons différentes d'utiliser la LOI. Ce qui est en haut est comme ce qui est en bas. Parce que tout est contenu dans l'UNITÉ qui est la source de la LOI. La conscience qui est en dessous est une partie de toi tout comme nous sommes une partie de toi.

Toutefois, l'enfant ne possède pas le même savoir que lorsqu'il est devenu un adulte. Compare ceci avec les cycles que traverse l'homme dans son voyage de la naissance à la mort et voit que le cycle en dessous est comme l'enfant avec les connaissances qu'il possède ; ensuite regarde toi comme l'enfant devenu adulte et qui avance en sagesse et en savoir à mesure que le temps passe. Il en est de même des cycles de conscience, des enfants à différents stages de leur croissance et pourtant tous proviennent d'une source unique ; la sagesse et tous y retourneront à nouveau."

Il cessa ensuite de parler pour siéger dans le Silence des Seigneurs. Plus tard il s'adresse à nouveau à moi :

"Ô Thoth, il y a longtemps que nous siégeons dans l'Amenti pour préserver la flamme de la vie. Pourtant nous sommes conscients que nous sommes à l'intérieur de ces grands cycles bien que notre vision nous permette de voir au delà.

Malgré tout, à nos yeux rien n'est plus important que la croissance perpétuelle de notre Âme. Nous savons que la chair est passagère. Les choses qui comptent pour les hommes ne sont rien pour nous. Nos aspirations dépassent le corps, nous visons à perfectionner notre âme.

Lorsque les hommes sauront enfin que rien ne compte plus que la progression de l'Âme ils seront libres de tous les asservissements et pourront travailler librement en harmonie avec la Loi.

Sache, Ô homme, que tu dois aspirer à la perfection parce que c'est ainsi que tu atteindras le but. Tu dois savoir que rien n'est parfait et pourtant tu dois en faire ton aspiration et ton but."

La voix de Neuf cessa et ses paroles s'engloutirent dans ma conscience.

Maintenant je recherche sans cesse plus de sagesse afin que je sois plus parfait et pour me rapprocher de la LOI DU TOUT.

Bientôt je descendrai dans les Chambres de l'Amenti pour vivre près de la flamme froide de la vie. Ceux à qui j'ai enseigné ne me verront plus jamais. Je vivrai pour toujours dans la sagesse que j'ai enseignée.

Tout ce que l'homme est provient de sa sagesse. Il est le résultat de sa propre cause. Il est le créateur de sa réalité.

Écoute maintenant ma voix et devient plus grand que l'homme commun. Regarde vers le haut et laisse la Lumière remplir ton être, deviens à jamais un Enfant de la lumière. Par tes efforts tu progresseras pour atteindre le plan où la Lumière est LE TOUT DU TOUT.

Tu deviendras le maître de tout ce qui t'entoure plutôt qu'être maîtrisé par les effets de ta vie.

Tu seras une cause parfaite et avec le temps tu deviendras un Soleil de Lumière. Libre, laisse ton âme s'élever, libre des chaînes et des entraves de la nuit.

Lève tes yeux vers le Soleil dans le ciel et qu'il devienne pour toi un symbole de vie.

Sache que tu es la Grande Lumière, qui sera parfaite dans sa sphère lorsque tu seras enfin libre.

Ne regarde plus dans les ténèbres. Élève tes yeux vers le firmament. Laisse monter librement ta flamme de lumière et tu deviendras un Enfant de la Lumière.

TABLETTE 12 : LA LOI DES CAUSES ET DES EFFETS ET LA CLEF DE LA PROPHETIE

É coute, Ô homme, mes paroles de sagesse, écoute la voix de Thoth, l'Atlante.

J'ai conquis la Loi de l'espace-temps. J'ai acquis la connaissance des temps futurs.

Je sais que l'homme dans son mouvement à travers l'espace-temps sera toujours UN avec le TOUT.

Sache, Ô homme, que le futur est un livre ouvert pour celui qui peut lire.

Chaque effet laisse paraître ses causes et tous les effets proviennent de la cause première.

Sache que le futur n'est pas fixe et prédéterminé mais qu'il peut varier. Tout comme une cause provoque un effet.

Regarde bien la cause que tu veux manifester et tu verras certainement son effet.

À l'origine de la création, il y eut la Cause première qui provoqua la manifestation de TOUT CE QUI EST.

Toi même, tu es l'effet d'une cause et aussi la cause d'autres effets.

C'est pourquoi, Ô homme, assure toi que les effets que tu provoques seront eux mêmes les causes d'effets qui seront parfaits.

Le futur n'est jamais figé mais il est déterminé par la libre volonté de l'homme au fur et à mesure où il se déplace à travers l'espace-temps jusqu'AU MOMENT OÙ COMMENCE UN TEMPS NOUVEAU.

LA FIN DES TEMPS EST LE DÉBUT D'UN TEMPS NOUVEAU.

L'homme peut lire le futur en examinant attentivement les causes et leurs effets.

Cherche à travers la causalité et tu trouveras sûrement les effets.

MAIS QUE FAIRE LORSQUE LES CAUSES SONT TELLEMENT COMPLEXES ET NOMBREUSES QU'IL EST IMPOSSIBLE D'ÉTABLIR UNE LIGNE DIRECTRICE ?

ALORS SIMPLIFIE TA VIE.

Écoute, Ô homme, je te parle du futur et des effets qui suivent une cause. Sache que l'homme dans son voyage vers la lumière cherche à échapper aux ténèbres de la nuit qui l'entourent comme les ombres qui entourent les étoiles dans le ciel. Comme ces étoiles dans l'espace lui aussi brillera à travers les ombres de la nuit.

Sa destinée grandiose va toujours le conduire en avant jusqu'au point où il sera UN AVEC LA LUMIÈRE.

Même si sur sa voie il doit passer au milieu des ombres, devant lui brille à jamais la Grande Lumière.

Sa voie est obscure mais il doit conquérir les ombres qui coulent autour de lui comme la nuit.

Le grand fleuve de la nuit sur lequel la barque solaire navigue à jamais.

Loin dans le futur, je vois les hommes de la lumière, libres des griffes des ténèbres qui enchaînent leur Âme. Ils vivent dans la Lumière, libres des chaînes de l'obscurité qui couvrent la lumière qui est la lumière de leur Âme.

Sache, Ô homme, qu'avant d'atteindre cet état il y aura plusieurs ombres obscures qui voileront ta lumière et qui tenteront de noyer dans les ténèbres la lumière de l'Âme qui veut se libérer.

Ce combat entre la lumière et l'obscurité est titanesque, très ancien et pourtant toujours nouveau.

Pourtant, sache qu'il y aura un temps, loin dans le futur, où LA LUMIÈRE SERA TOUT et où l'obscurité s'évanouira.

Sois attentif à mes paroles de sagesse, Ô homme.

Sois prêt et vigilant, et jamais ta lumière ne sera obscurcie.

L'homme monte et descend au fur et à mesure que de nouvelles vagues de conscience arrivent du grand abysse pour se diriger vers le Soleil de leur but. Oui, mon enfant, tu proviens d'un état à peine supérieur à celui de la bête et maintenant te voilà à cet instant où tu brilles au dessus des hommes.

Autrefois, il y en eu des êtres bien plus grand et pourtant eux aussi sont tombés. C'est ainsi que tu arriveras à ta fin en ce monde.

Et sur le sol que tu foules maintenant se tiendront des barbares qui eux aussi monteront en leur temps vers la lumière. L'ancienne sagesse sera oubliée, mais elle vivra dissimulée des hommes.

Sur la terre que tu appelles Khem (Égypte) des races nouvelles viendront et d'autres disparaîtront pour être oubliées par les enfants des hommes. Mais toi tu auras rejoint un espace-étoile de l'au-delà en laissant derrière toi cet endroit que tu auras habité.

L'âme de l'homme est toujours en mouvement, sans limite, une étoile qui file dans l'infini vers ce grand but où elle fusionnera avec la LUMIÈRE DU TOUT.

Une lumière dans la lumière. Voilà ce que tu es maintenant si tu sais convertir ton regard.

TU AVANCERAS TOUJOURS, SOUTENU PAR LA LOI DE LA CAUSE ET DE L'EFFET JUSQU'AU MOMENT OÙ LES DEUX DEVIENDRONT UN.

LA CAUSE ET L'EFFET FUSIONNERONT DANS LA LUMIÈRE.

Oui, lorsque tu seras parti, d'autres occuperont le territoire sur lequel tu habites. Mais pars sans crainte vers la lumière.

Le savoir et la sagesse seront oubliés et seule la mémoire des Dieux survivra.

Tout comme je suis un Dieu par mon savoir, toi aussi tu seras un Dieu du futur parce que ton savoir est infiniment supérieur au leur.

Pourtant rappelle toi qu'à travers toutes les époques, l'homme peut avoir accès à la Loi, immédiatement s'il le veut.

Dans l'époque qui viendra, on verra un renversement des valeurs et une altération de la sagesse pour ceux qui prendront ta place sur cette étoile.

C'est pourquoi ils devront à leur tour entreprendre la longue marche vers la sagesse et apprendre à éloigner les ténèbres par la Lumière.

A leur tour, ils devront persévérer à travers l'espace-temps pour s'élever dans la liberté de la Lumière.

Plusieurs qui sont enchaînés dans les ténèbres vont tenter d'en empêcher d'autres de s'élever vers la clarté. Ce qui causera une grande guerre qui fera trembler la Terre et l'ébranler dans sa course.

Les Frères de l'obscurité vont provoquer un conflit entre la lumière et la nuit.

Lorsque l'homme aura conquis les océans et qu'il volera dans les airs avec des ailes comme les oiseaux ; lorsqu'il aura appris à maîtriser le pouvoir des éclairs ; alors le temps de la guerre commencera.

Il y aura un combat titanesque entre les forces des ténèbres et les forces de la lumière. Les nations s'élèveront contre les nations en utilisant les forces obscures pour dominer la terre. Des armes redoutables effaceront la moitié des hommes de la surface de la terre.

Jusqu'au jour où les fils de l'Aurore viendront parmi les hommes et leur diront : "Cessez de combattre vos frères. Ce n'est qu'ainsi que pourra revenir la lumière. Cessez vos doutes, suivez le chemin et sachez que vous êtes tous Vrai."

Ce jour, les combats cesseront entre le frère contre son frère et le père contre son fils.

C'est alors que la Terre se soulèvera et que du fond des mers surgiront les vestiges des temples et des maisons que mon peuple habitait autrefois.

L'Âge des lumières viendra ensuite et tous les hommes poursuivront la Lumière du but. Les Frères de la lumière régneront et chasseront les ténèbres de la nuit.

Les enfants des hommes pourront alors progresser et s'élever vers le grand but pour devenir à leur tour des enfants de la Lumière.

Les âmes seront pour toujours une flamme dans la grande flamme.

Durant l'âge d'or, la sagesse et le savoir appartiendront à l'homme. Il s'approchera de la flamme éternelle, la SOURCE de toute sagesse, l'origine de toute chose qui est en même temps UNE avec la fin de tout.

Oui, dans cette époque à venir, TOUT SERA UN ET UN SERA TOUT. Et l'homme, cette flamme parfaite du Cosmos, prendra place parmi les étoiles. Il pourra même dépasser cet espace-temps pour aller dans une dimension au-delà des étoiles.

Tu as été très attentif à mes paroles et à ma sagesse, Ô mon enfant. Maintenant je dois partir pour les ténèbres. Maintenant je vais dans les CHAMBRES DE L'AMENTI, pour ouvrir les portes de ce futur où la Lumière reviendra parmi les hommes.

Sache que mon Esprit sera toujours avec toi pour te guider sur le sentier de la Lumière. Garde précieusement les secrets que je t'ai confiés et mon esprit te gardera à travers la vie. Garde toujours ton attention sur le sentier de la sagesse. Que la lumière soit toujours ton but.

Ne laisse pas ton âme être envahies par les ténèbres ; laisse la voler librement vers les étoiles.

Maintenant je dois retourner habiter dans l'Amenti. Tu restes mon enfant, dans cette vie et dans la prochaine. Mais viendra le jour où toi aussi tu ne connaîtras pas la mort. Tu seras une lumière permanente parmi les hommes d'une époque à l'autre.

Préserve l'entrée qui mène dans les CHAMBRES DE L'AMENTI. Préserve les secrets que je t'ai confiés. Ne laisse pas cette sagesse aux mains des barbares. Conserve ce secret pour ceux qui cherchent la Lumière.

Maintenant je m'en vais. Reçois ma bénédiction. Suis ma voie qui conduira vers la Lumière. Baigne ton âme dans La Grande Essence. Que ta conscience devienne UNE avec la Grande Lumière.

Tu peux m'appeler quand tu veux. Prononce mon nom trois fois en ligne :

CHEQUETET, ARELICH, VOMALITES.

TABLETTE 13 : LES CLEFS DE LA VIE ET DE LA MORT

É coute moi, Ô homme, écoute ma sagesse. Sois attentif à la parole qui te remplira de la Vie. Sois attentif à la parole qui bannira les ténèbres, à la voie qui bannira la nuit.

J'ai apporté à mes enfants des mystères et une grande sagesse ; un savoir et un pouvoir qui proviennent de la plus haute antiquité.

Ne sais-tu pas que tout sera ouvert lorsque tu trouveras l'unité de toute chose ? Tu seras alors un avec les maîtres des mystères, conquérants de la Mort et Maîtres de la Vie.

Tu apprendras que dans la fleur de l'Amenti la vie bourgeonne et brille dans les Chambres.

Tu peux atteindre les Chambres de l'Amenti en esprit et rapporter la sagesse de sa lumière.

Sache que le passage qui mène au pouvoir réside dans le plus grand secret. Un secret qui n'est pas du domaine visible mais dans l'esprit invisible.

Sache que le passage pour aller à la vie passe par la mort.

Oui, tu dois passer par la mort, mais pas la mort que tu connais. Il s'agit d'une mort qui est une vie, un feu et une LUMIÈRE.

Tu veux connaître le mystérieux secret ? Alors regarde au fond de ton cœur, c'est là que le secret est dissimulé. Le secret est caché en toi ; là est la source de la vie et la source de la mort.Écoute moi bien, ô homme, je vais te révéler le secret des anciens.

Dans les profondeurs de la terre se trouve la fleur, la source de l'esprit qui est lié à toute chose. Au cœur de la terre il y a une vie qui bat au même titre qu'une vie se cache dans ta forme humaine.La fleur de vie de la terre est comme la tienne, elle rayonne partout dans cette sphère, comme le sang rayonne partout dans ton corps. Elle apporte la vie à la terre et à tous ses enfants et renouvelle l'esprit d'une forme à l'autre.

Voilà d'où provient l'esprit qui anime ton corps et qui le moule et le façonne dans sa forme humaine.

Sache ici, ô homme, que ta forme est double et qu'un équilibre de cette polarité est présent dans tout ton corps.

Sache que lorsque la MORT s'approche rapidement, c'est parce que cet équilibre est ébranlé. Un des deux pôles est en excès par rapport à l'autre.

Un corps en parfait équilibre ne peut jamais être touché par le doigt de la mort.

Même un accident n'arrive que si cet équilibre est perdu.

Lorsque tu es en équilibre tu peux vivre sans goûter à la mort.

Sache que tu existes du fait qu'un équilibre existe entre deux pôles. Si l'un des pôles diminue au profit de l'autre la vie s'épuise rapidement. La Mort froide s'approche et va introduire un changement dans cette vie déséquilibrée.

Sache que le secret de la vie dans l'AMENTI est le secret qui consiste à restaurer cet équilibre entre les deux pôles.

Tout ce qui existe a une forme et vie à cause de l'esprit de vie qui se trouve dans ses pôles.

Ne vois-tu pas que l'équilibre de toute chose qui existe se trouve dans le cœur de la Terre ?La source de ton Esprit est tirée du cœur de la terre parce que à travers ta forme tu es un avec la Terre. Lorsque tu as appris à maintenir l'équilibre en toi tu peux t'appuyer sur l'équilibre de la Terre.

Ton existence est liée à l'existence de la terre et tu changeras de forme lorsque la terre changeras de forme. Sans goûter à la mort tu es un avec cette planète et tu maintiens ta forme jusqu'au moment où tout finira.

Écoute ce secret, ô homme, pour que toi aussi tu ne subisses pas le changement.

À chaque jour, durant une heure, tu t'allongeras avec la tête pointant vers le pôle positif (nord). Durant cette période tu focaliseras ta conscience entre la poitrine et la tête.

À chaque jour, durant une autre heure, tu t'allongeras avec la tête dans la direction du pôle négatif (sud). Durant cette période tu focaliseras ta conscience entre la poitrine et les pieds.

Maintiens cet équilibre une fois par sept et il gardera toute ta force et ta splendeur. Même lorsque tu seras très âgé ton corps se régénérera et ta force sera celle des jeunes.

Voilà le secret connu des maîtres qui se gardent loin des doigts de la mort.

Ne t'écartes pas du chemin que je t'indique car lorsque tu auras passé le cap du centenaire, cette négligence te coûtera la vie. Écoute mes paroles et suis ma voix. Elle te permettra de conserver l'équilibre et de vivre ta vie.

Et maintenant écoute la sagesse que je te donne à propos de la Mort.

Lorsque tu auras terminé ton oeuvre, viendra le moment où tu voudras passer de cette vie pour aller vers la dimension où vivent les Soleil du matin et les enfants de la lumière ; trépasser sans douleur et sans regret vers le monde où se trouve la lumière éternelle.

Tout d'abord allonge toi avec la tête qui pointe vers l'est. Replie tes bras sur la Source de ta vie (plexus solaire) comme tu peux le voir sur les images de l'Égypte ancienne. Focalise ta conscience sur le côté gauche (sud) et imagine qu'elle provoque un tourbillon qui rejoint ton coté droit (nord) ; ce qui sépare le haut et le bas de ton corps.

Ensuite projette toi le long de ce tourbillon vers le nord et ensuite vers le sud. Détend toi et maintiens ta conscience le long de cet axe.

La corde d'argent ainsi formée se projettera vers le Soleil du matin où elle fusionnera avec la Lumière et sera Une avec la source.

Tu te maintiendras dans la flamme éternelle, jusqu'à ce que, à nouveau, revienne le désir de revenir dans un lieu et dans une forme donnée.

(There is shall flame till desire shall be created. Then shall return to a place in a form.)

Sache, Ô homme, que c'est ainsi que les grandes Âmes passent et se transforment à volonté d'une vie à l'autre. C'est ainsi que les Avatar passent, arrivant à désirer leur Mort de la même façon qu'ils désirent leur vie.

Mais il y a une clé qui permet de placer la conscience afin que la mémoire puisse être transporté d'une incarnation à l'autre. Abreuve toi de ma sagesse, ô homme. Apprends ici le secret qui te rendra MAÎTRE DU TEMPS. Apprends comment ceux que tu appelles les Maîtres sont capables de se souvenir de leurs vies passées. C'est un grand secret et pourtant il est facile à maîtriser ; celui qui te donne la maîtrise du temps.

Lorsque le moment de la mort approche rapidement, ne craints pas et sache que tu es le maître de la Mort. Détends ton corps et ne résiste pas.

Focalise la flamme de ton Âme sur ton cœur et emporte-la vers le siège du triangle formé par tes bras. Retiens-la un moment et ensuite déplace toi vers le but. Ce but est situé entre tes deux sourcils, à l'endroit où la mémoire de la vie doit régner. Maintiens fermement ta conscience dans le siège du cerveau jusqu'au moment où les doigts de la mort viendront prendre ton âme. De cette façon, lorsque tu passeras à travers l'état de transition, les souvenirs du passé viendront avec toi. C'est à ce moment que le passé deviendra UN avec le présent et que la mémoire sera préservée. De cette façon tu seras libéré des régressions et les acquis du passé vivront dans le moment présent.

Homme, tu viens d'entendre la voix de ma sagesse. Suis ma voie et puisses tu vivres à travers les âges comme moi je le fais.

TABLETTE 14 : AU COEUR D'UNE GRANDE SAGESSE

É coute moi bien, ô homme, nous allons plonger au cœur d'une grande sagesse qui s'est perdue depuis l'époque des Gardiens et que les hommes ont oublié à travers les âges. Sache tout d'abord que cette terre est avant tout une porte inter dimensionnelle, gardée par des pouvoirs inconnus des hommes. Le Seigneur ténébreux en gardent l'entrée qui mène sur une terre céleste.

Il sait que la voie qui mène vers la sphère de ARULU est gardée par des barrières qui ne peuvent être ouvertes que par l'homme qui vient de la LUMIÈRE. Sur cette terre, je suis le dépositaire des clefs qui ouvrent les portes de la Terre sacrée.

J'ai reçu l'ordre des grands pouvoirs au-dessus de moi de laisser ces clefs disponibles pour l'homme qui cherche.

Avant mon départ je veux te donner les secrets qui te permettront de te libérer de la servitude des ténèbres et des chaînes de la chair pour t'élever de l'obscurité vers la Lumière.

Sache que l'âme doit être nettoyée de toutes ses obscurités avant d'entrer dans le portail de la Lumière.

C'est pourquoi j'ai mis en place les mystères afin que ces secrets puissent être découverts. Même si l'homme sombre dans l'obscurité il pourra toujours se fier sur la Lumière comme guide. Cachée dans l'obscurité, voilée par des symboles, il sera toujours possible de trouver la voie qui conduit au portail de la lumière.

Dans l'avenir l'homme va nier les mystères mais le chercheur authentique saura toujours trouver la voie.

Maintenant je te demande de garder précieusement mes secrets et de les transmettre seulement à ceux que tu auras mis à l'épreuve. Ceci afin que la voie juste ne soit jamais corrompue et que le pouvoir de la Vérité puisse prévaloir à jamais.

Écoute moi bien attentivement maintenant je vais te découvrir le Mystère. Sois attentif aux symboles des mystères que je te donne. Fonde une religion parce que ce n'est qu'ainsi que l'essence de ces mystères pourra survivre.

L'âme qui quitte cette terre parcourt deux régions entre cette vie et la vie divine. La DOUAT où se trouvent les pouvoirs de l'illusion et SEKHET HETSPET le royaume des Dieux.

OSIRIS est le symbole du gardien du portique. C'est lui qui repousse les âmes des hommes sans mérite.

Au delà se trouve ARULU, la sphère de ceux qui sont nés du ciel. La terre des Grands êtres. Lorsque mon travail parmi les hommes sera terminé j'irai les rejoindre dans ma maison ancestrale.

Il y a SEPT maisons dans le royaume des puissants et TROIS gardes devant le portail de chacune de ces maison. Il y a QUINZE voies pour atteindre la DOUAT.

Les maisons des Seigneurs de l'Illusion sont au nombre de DOUZE. Chacune est différente et pointe dans l'une des quatre directions.

Les grands pouvoirs qui jugent le Mort qui recherche l'entrée sont au nombre de QUARANTE DEUX.

Les Fils d'Horus sont QUATRE. Il y a deux gardiens de l'est et de l'ouest. ISIS est la mère qui intercède pour ses enfants, c'est la Reine de la lune qui reflète le Soleil. BA est l'essence qui vit pour toujours. KA est l'ombre que l'ombre que l'homme appelle la vie. BA ne vient pas tant que KA ne s'est pas incarné.

Voilà les mystères qu'il faut préserver à travers les âges. Ce sont les clés de la vie et de la Mort.

Écoute maintenant le mystère des mystères ; découvre le cercle qui n'a ni commencement ni fin, la forme de celui qui est UN ET LE TOUT.

Écoute et comprends, va et applique-le, ainsi tu voyageras sur ma voie.

Mystère de tous les mystères le Grand secret que je vais te révéler est pourtant clair pour celui qui est né de la lumière

Je vais déclarer un secret d'initié qui restera incompréhensible pour le profane. TROIS est le mystère qui provient de l'UN. Écoute et la lumière va descendre sur toi. Dans l'ancien des origines se trouvent trois unités en dehors desquelles rien ne peut exister.

Ces trois sont l'équilibre, la source de la création. Un Dieu, une vérité, un point de liberté. Le trois provient du trois de l'équilibre : toute la vie, toute la mansuétude, tout le pouvoir.

Les attributs de Dieu dans sa maison de Lumière sont trois : pouvoir infini, sagesse infinie, amour infini.

Il y a trois pouvoirs qui sont donnés aux maîtres : transmuter le mal, favoriser le bien et faire preuve de discrimination.

Dieu réalise trois choses inévitables : manifester le pouvoir, la sagesse et l'amour.

À ces trois choses se rattachent trois pouvoirs qui créent toutes choses : l'Amour Divin possède la connaissance parfaite ; la Sagesse Divine connaît tous les moyens possibles et le Pouvoir Divin est acquis par la volonté commune de l'Amour Divin et de la Sagesse.

L'existence comporte trois cercles : Le cercle de la Lumière où réside Dieu et que lui seul peut traverser ; le cercle du Chaos où toutes les choses de la nature émergent de la mort ; le Cercle de la conscience où toutes les choses proviennent de la vie.

Toutes les choses animées ont trois stades d'existence : le chaos ou la mort, la liberté humaine ou la félicité du Ciel.

Les choses sont régies par trois nécessités : le commencement dans l'Abysse, le Cercle du chaos et la plénitude du Ciel.

L'âme a trois voies : L'homme, la Liberté et la Lumière.

Il y a trois obstacles : le manque de volonté à obtenir le savoir ; le non-attachement à Dieu, l'attachement au mal.

Les trois se manifestent dans l'homme. Les Rois de ces pouvoirs intérieurs sont trois. Dans le corps de l'homme il y a trois chambres de mystères qui sont connues et inconnues. Et maintenant écoute celui qui est libéré et qui surpasse les servitudes de la vie pour aller vers la lumière.

Sachant que la source de tous les mots doit s'ouvrir. Oui, même les portes d'Arulu ne pourront rester fermées. Et pourtant fais attention Ô homme qui veut entrer au Ciel. Si tu n'as pas le mérite requis il serait préférable que tu tombes dans le feu.

Sache que les Célestes passent à travers la flamme pure. A chaque révolution des cieux ils se baignent dans la fontaine de Lumière.

Écoute bien ce mystère Ô homme : Il y a longtemps, bien avant la naissance de l'homme, j'ai habité l'antique Atlantide. C'est là que dans le Temple j'ai bu à la sagesse qui m'était versée comme une fontaine de Lumière par le gardien.

J'ai obtenu les clefs pour réaliser mon ascension dans la lumière de ce Grand Monde où je me suis présenté devant le Saint des saints qui siège dans la fleur de feu et qui est voilé par les éclairs de l'obscurité pour éviter que mon âme soit mise en éclat par sa Gloire.

Aux pieds de son trône de diamant il y avait quatre rivières de flamme qui se déversaient vers les mondes des hommes à travers les nuages.

La salle du trône était remplie des Esprits du ciel. Ce palais des étoiles était vraiment une merveille. Au dessus du ciel, comme un arc en ciel de feu et de soleil les Esprits étaient formés pour chanter la gloire du Saint UN. C'est alors que du milieu du feu une voix céleste se fit entendre : "Contemple la gloire de la Cause première."

J'ai vu cette Lumière qui se tient au dessus de toute obscurité et qui reflète mon propre être. J'étais parvenu devant le Dieu des dieux, l'Esprit Soleil, le Souverain qui règne sur les étoiles des sphères. La voix se fit à nouveau entendre :

"Il y a l'Un, le premier, qui n'a ni commencement ni fin, qui a créé toute chose, qui gouverne tout, qui est bon, qui est juste, qui illumine et qui supporte"

C'est alors qu'une lumière intense se répandit du trône pour encercler et élever mon âme grâce à son pouvoir.

C'est alors que je me suis déplacé rapidement à travers les cieux pour découvrir les mystères des mystères, pour voir le cœur du cosmos et pour finalement être transporté sur la terre d'Arulu et comparaître devant les Seigneurs dans leur maison céleste. Ils ouvrirent les portes pour que je puisse contempler le chaos primordial. Mon âme frissonna devant cette vision d'horreur et je me retirai de cet océan d'obscurité.

Je compris la nécessité de cette barrière entre les deux mondes et je compris pourquoi les Seigneurs d'Arulu l'avait mise en place. Seulement eux, dotés de cet équilibre infini avaient le pouvoir de bloquer la voie du chaos. Seulement eux pouvaient préserver la création de Dieu.

C'est alors que j'ai passé devant le cercle du huit pour rencontrer les âmes qui avaient conquis l'obscurité et voir la splendeur de la lumière où ils résidaient.

J'ai désiré prendre place dans le cercle mais j'ai aussi voulu poursuivre ma voie et choisir l'œuvre qui me convenait. J'ai traversé les chambres d'Arulu pour revenir sur terre où mon corps repose. Je me suis levé de mon repos et je me suis avancé devant le Gardien où j'ai fait le vœu de renoncer à tous mes droits jusqu'au moment où mon travail sur la terre serait complété, lorsque l'âge des ténèbres sera enfin terminé. Alors, écoute moi bien, ô Homme. La parole que je vais te confier contient l'essence de la vie.

Avant que je retourne dans les chambres de l'Amenti, je dois enseigner le Secret des secrets, de façon à ce que toi aussi tu puisses t'élever dans la Lumière.

Garde bien cette parole et cache ses symboles afin que le profane ne puisse en rire pour ensuite y renoncer.

Dans chaque pays, tu formeras les mystères afin que le chercheur authentique puisse travailler dur pour les découvrir et que le lâche et l'aventurier soient écartés.

C'est ainsi que les secrets seront dissimulés et préservés jusqu'au moment où la roue du temps aura tourné.

Mais sois rassuré, à travers l'âge des ténèbres, mon esprit attendra et veillera à partir du royaume caché.

Lorsque tu auras passé toutes les épreuves tu pourras m'appeler avec la Clé que je vais maintenant te donner. Alors, moi l'Initiateur, je répondrai à ton appel et je viendrai du royaume des Dieux au plus profond de l'Amenti pour transmettre à l'initié les paroles de pouvoir.

Je te préviens, ne me présente pas quelqu'un qui manque de sagesse, dont le cœur est impure ou dont la volonté est faible. Si c'est le cas, je te retirerai le pouvoir de m'appeler des profondeurs où je sommeille.

Va et conquiert l'élément ténébreux. Exalte en toi la quintessence de la lumière.

Va et appelle tes frères afin que je puisse répandre la sagesse de ma lumière pour éclairer leur voie lorsque je serai parti.

Viens dans la chambre, sous le temple. Assure-toi de jeûner durant trois jours. Alors je te donnerai la quintessence de ma sagesse et ton pouvoir brillera parmi les hommes.

Je te donnerai les secrets qui te permettront de montrer dans les cieux et qui feront de toi un homme dieu dans ton essence.

Va maintenant afin que je puisse invoquer ceux que tu connais et qui pourtant ne connaissent pas.

TABLETTE 15 : LE SECRET DES SECRETS

Et maintenant vous êtes tous rassemblés mes enfants. Vous attendez que je vous livre le secret des secrets qui vous procurera le pouvoir de manifester le Dieu fait homme et qui vous donnera le chemin vers la vie éternelle. Je vais parler ouvertement de ces mystères. Il n'y aura pas d'énigme ni d'allusions voilées dans mes propos. Ouvrez bien vos oreilles mes enfants. Ouvrez vous et obéissez aux paroles que je vais donner.

Tout d'abord je vais vous parler des chaînes des ténèbres qui vous retiennent dans la sphère de la Terre. La lumière et l'obscurité sont de même nature, elles diffèrent seulement par leur apparence, puisque chacune provient de la source unique du Tout. L'obscurité est le désordre. La lumière est l'ordre. L'obscurité transmutée devient la Lumière de la Lumière. Voilà mon enfant quel est le sens de ta vie : transmuter l'obscurité en lumière. Est-ce que tu comprends maintenant le mystère de la nature ; vois-tu la relation entre la vie et la Terre qui la porte ?

Sache que ta nature est triple en Un ; physique, astrale et mentale. Chacune de ces trois dimensions comporte trois qualités ; pour un total de neuf. Ce qui est en bas est comme ce qui est en haut.

PHYSIQUE

Dans le physique se trouvent des canaux qui transportent le sang dans un mouvement vertical. Il réagit aux battements du cœur. Le sang est propulsé par battement. Dans le système nerveux le magnétisme se déplace pour rejoindre et nourrir les cellules et les tissus. Il y a aussi des canaux subtils qui véhiculent l'Akasa. Ces canaux sont subtils mais néanmoins physiques. Chacune de ces trois dimensions est reliée aux autres, chacune affectant la vie du corps. Finalement, il y a l'éther qui se propage à partir du système osseux. Le secret de la vie dans le corps repose sur la maîtrise de ces forces. L'adepte renonce à utiliser ces forces lorsqu'il arrive au point où le but de sa vie est accompli.

ASTRAL

L'astral qui est le médiateur entre le haut et le bas est triple de nature. Il n'est pas physique, il n'est pas spirituel mais capable de se mouvoir de l'un à l'autre.

MENTAL

Le mental est également triple. Il transporte le vouloir de Grand UN. Dans cette vie, c'est lui qui arbitre les rapports entre la cause et l'effet

Le pouvoir du quatre dirige le trois, à partir de l'au-delà. Au dessus et au-delà de la nature trinitaire de l'homme se trouve le royaume du Soi Spirituel.

Ce "Je" supérieur possède quatre qualités qui rayonnent dans chaque plan de l'existence. Mais le nombre mystique est 13 en 1.

Les frères sont basés sur les qualités de l'homme ; chacun oriente le déploiement de l'être, chacun est un canal avec le Grand Un.

Sur cette terre, l'homme est lié à l'espace et au temps propre à la dimension terrestre. Autour de chaque planète du cosmos se trouve un filet d'énergie qui la maintient dans sa dimension propre. Pourtant, à l'intérieur de l'homme se trouve la Clef qui permet à l'homme de se libérer de cet asservissement.

Lorsque tu auras libéré ton être du corps et que tu auras monté vers les frontières de la dimension terrestre il sera alors temps de prononcer la parole : DOR-E-UL-LA.

Grâce à cette invocation la lumière de ton être sera exaltée pour un temps, ce qui te permettra de traverser les barrières de l'espace. Durant la moitié d'un temps du soleil (six heures), tu seras libre de traverser les barrières du plan terrestre et tu pourras voir et connaître ceux qui sont en dehors de cette dimension. Oui, vers les mondes les plus élevés tu pourras te rendre et découvrir les niveaux supérieurs vers lesquels l'âme peut se déployer. Tu es enchaîné dans ton corps mais grâce au pouvoir tu peux t'en libérer.

Voici le Secret qui permet de remplacer la servitude par la liberté. Garde ton esprit calme. Lorsque ton corps est au repos, garde ta conscience sur la sensation de liberté par rapport à la chair.

Distingue clairement qu'il y a deux conscience en toi. Celle de la dense matière de ta chair et celle de ton être essentiel qui a la faculté d'être attentif à cette chair. Voilà où se situe le centre de ton attention où tu dois installer ton vouloir ardent.

Centre toi et attise en toi un désir toujours plus ardent. Concentre toi encore et encore sur l'idée que tu es libre.

Pense à ce mot : - LA-UM-I-L-GAN répète- le encore et encore dans ton esprit. Fais en sorte que sa sonorité fusionne avec le centre où réside ton désir ardent.

Deviens libre de la servitude de la chair par ton vouloir.

Sois attentif alors que je te livre le plus grand des secrets : celui qui te permettra d'entrer dans les Chambres de l'Amenti, dans la résidence des Immortels, comme je te l'ai fait, où je me suis présenté devant les Seigneurs dans leurs places.

Allonge ton corps. Calme ton esprit afin qu'il ne soit pas dérangé par des pensées. Ton esprit doit être pur et ton intention aussi, sinon tu connaîtras l'échec. Visualise l'Amenti comme je l'ai fait dans mes Tablettes. Avec la plénitude du cœur, visualise dans l'œil de ton esprit que tu te présentes devant les Seigneurs. Prononce mentalement les paroles de pouvoirs que je te donne : MEKUT-EL-SHAB-EL HALE-ZUR-BEN-EL-ZABRUT ZIN-EFRIM-QUAR-EL.Relaxe ton esprit et ton corps. Sois maintenant assuré que ton âme sera appelée.

Voici maintenant la clé de Shamballa, l'endroit où mes frères vivent dans l'obscurité ; mais c'est une obscurité pleine de la Lumière du Soleil. Ténèbres de la Terre mais Lumière de l'esprit ; elle sera mon guide lorsque mes jours seront terminés.

Alors, quitte ton corps comme je te l'ai enseigné.

Traverse les portes de l'endroit profond et caché. Présente-toi devant les portails et leurs gardiens. Prononce à haute voix ces paroles : "JE SUIS LA LUMIÈRE, EN MOI NE SE TROUVE AUCUNE OBSCURITÉ. JE SUIS LIBÉRÉ DES CHAÎNES DE LA NUIT. QUE S'OUVRE LE CHEMIN DU DOUZE ET DE L'UNIQUE POUR QUE J'ARRIVE DANS LE ROYAUME DE LA SAGESSE"

Lorsqu'ils refuseront, ce qu'ils feront certainement, commande-leur d'ouvrir les portes en prononçant ces paroles de pouvoir : JE SUIS LA LUMIÈRE. Pour moi il n'y a pas de barrière. Ouvre-toi, je l'ordonne, par le pouvoir du Secret des secrets : EDOM-EL-AHIM-SABBERT-ZUR ADOM."

Si tes paroles ont été prononcés dans l'esprit de la vérité la plus haute alors les barrières tomberont.

Et maintenant je vous quitte mes enfants. Dans les Chambres de l'Amenti je dois aller. Ouvrez par vous-même le chemin jusqu'à moi et vous deviendrez mes frères dans la vérité. C'est ainsi que se terminent mes écrits.

Transmettez ces clefs à ceux qui viendront après moi. Mais seulement à ceux que vous jugerez dignes et qui recherchent ma sagesse.

CAR POUR EUX SEULEMENT
JE SUIS LA CLEF ET LA VOIE.

FIN

Hortulain

La Table d'émeraude

Expliquée par Hortulain

TABVLA SMA-
RAGDINA HERMETIS TRIS-
megisti τῆϛ χμιίωϛ. Incerto interprete.

Erba Secretorū Hermetis, ǭ scripta erāt in tabula Smaragdi, inter manus eius inuenta, in obscuro antro, in ǭ humatum corpus eius repertū est. Verū sine mendacio, certū, & verissimū. Quod est inferius, est sicut ǭd est superius. Et ǭd est supius, est sicut ǭd est inferius, ad ppetrāda miracula rei unius. Et sicut oēs res fuerūt ab uno, meditatiōe unius. Sic oēs res narae fuerūt ab hac una re, adaptatiōe. Pater eius est Sol, mater eius Luna. Portauit illud uentus in uētre suo. Nutrix eius terra est. Pater omnis telesmi totius mūdi est hic. Vis eius integra est, si uersa fuerit in terrā. Separabis terrā ab igne, subtile à spisso, suauit cū magno ingenio. Ascendit à terra in coelū, iterumǭ descēdit in terrā, & recipit uim superiorū & inferiorū. Sic habebis gloriā totius mundi. Ideo fugiet à te omnis obscuritas. Hic est totius fortitudinis fortitudo fortis, qu uincet omnem rem subtilem, omnemǭ solidam penetrabit. Sic mundus creatus est. Hinc erunt adaptationes mirabiles, quarū modus hic est. Itacǭ uocatus sum Hermes Trismegistus, habens tres partes philosophiae totius mundi. Completū est, ǭd dixi de operatiōe Solis.

Table des matières

La table d'émeraude d'Hermès Trismégiste, père des Philosophes

Il est vrai, sans mensonge, certain et très véritable : Ce qui est en bas est comme ce qui est en haut ; et ce qui est en haut est comme ce qui est en bas, pour faire les miracles d'une seule chose.

Et comme toutes les choses ont été, et sont venues d'un, par la médiation d'un : ainsi toutes les choses ont été nées de cette chose unique, par adaptation.

Le soleil en est le père, la lune est sa mère, le vent l'a porté dans son ventre ; la terre est sa nourrice.

Le père de tout le thélème de tout le monde est ici. Sa force ou puissance est entière, si elle est convertie en terre. Tu sépareras la terre du feu, le subtil de l'épais doucement, avec grande industrie.

Il monte de la terre au ciel, et derechef il descend en terre, et il reçoit la force des choses supérieures et inférieures. Tu auras par ce moyen la gloire de tout le

monde ; et pour cela toute obscurité s'enfuira de toi.

C'est la force forte de toute force : car elle vaincra toute chose subtile, et pénétrera toute chose solide. Ainsi le monde a été créé.

De ceci seront et sortiront d'admirables adaptations, desquelles le moyen en est ici.

C'est pourquoi j'ai été appelé Hermès Trismégiste, ayant les trois parties de la philosophie de tout le monde. Ce que j'ai dit de l'opération du Soleil est accompli, et parachevé.

PRIÈRE DE L'HORTULAIN

Louange, honneur et gloire vous soit à jamais rendue, ô Seigneur Dieu tout-puissant ! avec votre très cher fils, notre sauveur Jésus Christ, vrai Dieu et seul, homme parfait, et le Saint Esprit consolateur, Trinité sainte, qui êtes le seul Dieu, je vous rends grâces de ce qu'ayant eu la connaissance des choses passagères de ce monde notre ennemi, vous m'en avez retiré par votre grande miséricorde, afin que je ne fusse pas perverti par ses voluptés trompeuses. Et parce que j'en voyais plusieurs de ceux qui travaillent à cet art, qui ne suivent pas le droit chemin ; je vous supplie, O mon Seigneur, et mon Dieu ! qu'il vous plaise que je puisse détourner de cette erreur par la science que vous m'avez donnée, mes très chers et bien-aimés ; afin qu'ayant connu la vérité, ils puissent louer votre saint Nom qui est béni éternellement.

Moi donc Hortulain, c'est-à-dire jardinier, ainsi appelé à cause des jardins maritimes, indigne d'être appelé disciple de philosophie, étant ému par l'amitié que je porte à mes très chers, j'ai voulu mettre en écrit la déclaration et explication certaine des paroles d'Hermès, père des philosophes, quoiqu'elles soient obscures ; et déclarer sincèrement toute la pratique de la véritable œuvre. Et certes il ne sert de rien aux philosophes de vouloir cacher la science dans leurs écrits, lorsque la doctrine du Saint Esprit opère.

CHAPITRE I : L'art d'alchimie

L'art d'alchimie est vrai et certain

Le philosophe dit : *Il est vrai*, à savoir que l'art d'alchimie nous a été donné. *Sans mensonge*, il dit cela pour convaincre ceux qui disent que la science est mensongère, c'est-à-dire, fausse. *Certain*, c'est-à-dire expérimenté, car tout ce qui est expérimenté est très certain. *Et très véritable*, car le très véritable soleil est procréé par l'art. Il dit très véritable au superlatif, parce que le soleil engendré par cet art, surpasse tout soleil naturel en toutes propriétés, tant médicinales qu'autres.

CHAPITRE II : Deux parties

La pierre doit être divisée en deux parties.

Ensuite il touche l'opération de la pierre disant *Que ce qui est en bas est comme ce qui est en haut.* Il dit cela parce que la pierre est divisée en deux parties principales, par le magistère ; savoir en la partie supérieure qui monte en haut, et en la partie inférieure qui demeure en bas fixe et claire. Et toutefois ces deux parties s'accordent en vertu. C'est pourquoi il dit, *Et ce qui est en haut est comme ce qui est en bas.* Certainement cette division est nécessaire. *Pour faire les miracles d'une chose* C'est-à-dire de la pierre ; car la partie inférieure c'est la terre, qui est la nourrice et le ferment ; et la partie supérieure c'est l'âme, laquelle vivifie toute la pierre, et la ressuscite. C'est pourquoi la séparation, et la conjonction étant faites, beaucoup de miracles viennent à se faire en l'œuvre secrète de nature.

CHAPITRE III : Quatre éléments

La pierre a en soi les quatre éléments.

Et *comme toutes choses ont été et sont venues d'un par la méditation d'un.* Il donne ici un exemple disant ; comme toutes choses ont été et sont sorties d'un, c'est à savoir, d'un globe confus, ou d'une masse confuse, *par la méditation,* c'est-à-dire, par la pensée et création *d'un,* c'est-à-dire, de Dieu tout-puissant. *Ainsi toutes choses sont nées.* C'est-à-dire, sont sorties, *de cette chose unique,* c'est-à-dire d'une masse confuse, *par adaptation* ; c'est-à-dire, par le seul commandement et miracle de Dieu. Ainsi notre pierre est née et sortie d'une masse confuse, contenant en soi tous les éléments, laquelle a été créée de Dieu, et par son miracle, notre pierre en est sortie et née.

CHAPITRE IV : Père et Mère

La pierre a père et mère, qui sont le soleil et la lune.

Comme nous voyons qu'un animal engendre naturellement plusieurs autres animaux semblables à lui : ainsi le soleil artificiellement engendre le soleil par la vertu de la multiplication de la pierre. C'est pourquoi il s'ensuit, *Le soleil en est le père,* c'est-à-dire l'or des philosophes. Et pour ce qu'en toutes générations naturelles, il doit y avoir un lieu propre à recevoir les semences, avec quelque conformité de ressemblance en partie ; ainsi faut-il qu'en cette génération artificielle de la pierre, le soleil ait une matière qui soit comme une matrice propre à recevoir son sperme et sa teinture. Et cela c'est l'argent des philosophes. Voilà pourquoi il s'ensuit, *et la lune en est la mère*.

CHAPITRE V : La conjonction

La conjonction des parties est la conception et la génération de la pierre.

Quand ces deux se recevront l'un l'autre en la conjonction de la pierre, la pierre s'engendre au ventre du vent, et c'est ce qu'il dit puis après, *Le vent l'a porté en son ventre*. On sait assez que le vent est air, et l'air est vie, et la vie est l'âme, de laquelle j'ai déjà dit ci-dessus, qu'elle vivifie toute la pierre. Ainsi il faut que le vent porte toute la pierre, et la rapporte, et qu'il engendre le magistère. C'est pourquoi il s'ensuit qu'il doit recevoir aliment de sa nourrice, c'est à savoir de la terre. Aussi le philosophe dit : *La terre est sa nourrice*. Car de même que l'enfant sans l'aliment qu'il reçoit de sa nourrice ne parviendrait jamais en âge : aussi notre pierre ne parviendrait jamais en effet sans la fermentation de la terre ; et le ferment est appelé aliment. Ainsi s'engendre d'un père avec la conjonction de sa mère, *la chose*, c'est-à-dire, les enfants semblables aux pères ; lesquels, s'ils n'ont la longue décoction, seront faits semblables à la mère, et retiendront le poids du père.

CHAPITRE VI : L'âme

La pierre est parfaite si l'âme est fixée dans le corps.

Après il s'ensuit, *le père de tout le telesme du monde est ici*, c'est-à-dire, en l'œuvre de la pierre il y a une voie finale. Et notez que le philosophe appelle l'opération *le père de tout le telesme*, c'est-à-dire, de tout le secret ou trésor, *de tout le monde* ; c'est à savoir de toute pierre qu'on a pu trouver en ce monde. *Est ici.* Comme s'il disait, Voici je te le montre. Puis le philosophe dit, Veux-tu que je t'enseigne quand la force de la pierre est achevée et parfaite ? C'est quand elle sera convertie et changée en sa terre. Et pour ce dit-il, *sa force et puissance est entière*, c'est-à-dire, parfaite et complète, *si elle est convertie et changée en terre*. C'est-à-dire, si l'âme de la pierre (de laquelle a été fait ci-dessus mention, que l'âme est appelée vent, et air, en laquelle est toute la vie et la force de la pierre) est convertie en terre, c'est à savoir de la pierre, et qu'elle se fixe en telle sorte que toute la substance de la pierre soit si bien unie avec sa nourrice (qui est la terre) que toute la pierre soit trouvée et convertie en ferment. Et comme lorsque l'on fait du pain, un petit de levain nourrit et fermente une grande quantité de pâte : et en cette sorte change toute la substance de la pâte en ferment : aussi veut le philosophe que notre pierre soit tellement fermentée qu'elle serve de ferment à sa propre multiplication.

CHAPITRE VII : La mondification

La mondification de la pierre.

Ensuite il enseigne comme la pierre se doit multiplier ; mais auparavant il met la mondification d'icelle et la séparation des parties, disant : *Tu sépareras la terre du feu, le subtil de l'épais, doucement avec grande industrie.* Doucement c'est-à-dire peu à peu, non pas par violence, mais avec esprit et industrie, c'est à savoir au fient ou fumier philosophal. *Tu sépareras,* c'est-à-dire, dissoudras ; car la dissolution est la séparation des parties. *La terre du feu, le subtil de l'épais,* c'est-à-dire la lie et l'immondicité du feu, et de l'air, et de l'eau, et de toute la substance de la pierre, en sorte qu'elle demeure entièrement sans ordure.

CHAPITRE VIII : De la terre au ciel

La partie non fixe de la pierre doit séparer la partie fixe et l'élever.

La pierre étant ainsi préparée, elle se peut lors multiplier. Il met donc maintenant la multiplication, et il parle de la facile liquéfaction ou fusion d'icelle par la vertu qu'elle a d'être entrante et pénétrante dans les corps durs et mols, disant : *il monte de la terre au ciel, et derechef descend en terre.* Il faut bien remarquer ici, que quoique notre pierre en sa première opération se divise en quatre parties, qui sont les quatre éléments : néanmoins (ainsi qu'il a été dit ci-dessus) il y a deux parties principales en elle ; une qui monte en haut, qui est appelée la non fixe, ou la volatile ; et l'autre qui demeure en bas fixe, qui est appelée la terre ou ferment, comme il a été dit. Mais il faut avoir grande quantité de la partie non fixe, et la donner à la pierre, quand elle est très nette et sans ordure, et il lui en faut donner tant de fois par le magistère, que toute la pierre, par la vertu de l'esprit, soit portée en haut, la sublimant et la faisant subtile. Et c'est ce que dit le philosophe : *il monte de la terre au ciel.*

CHAPITRE IX : Lorsque la matière descend

La pierre volatile doit derechef être fixée.

Après tout cela, il faut incérer cette même pierre (ainsi exaltée et élevée, ou sublimée) avec l'huile, qui a été tirée d'elle en la première opération, laquelle est appelée l'eau de la pierre. Et il la faut tourner si souvent en sublimant, jusqu'à ce que par la vertu de la fermentation de la terre (avec la pierre élevée ou sublimée) toute la pierre par réitération descende du ciel en terre, demeurant fixe et fluente. Et c'est ce que dit le philosophe, *Et derechef descend en terre*. Et ainsi, *Elle reçoit la force des choses supérieures*, en sublimant ; *et des inférieures*, en descendant ; c'est-à-dire, que ce qui est corporel, sera fait spirituel dans la sublimation, et le spirituel sera fait corporel dans la *descension*, ou lorsque la matière descend.

CHAPITRE X : La gloire de tout le monde

Utilité de l'art et efficace de la pierre.

Tu auras par ce moyen la gloire de tout le monde. C'est-à-dire, par cette pierre ainsi composée, tu posséderas la gloire de tout le monde. *Et pour cela toute obscurité s'enfuira de toi* ; c'est-à-dire, toute pauvreté et maladie. *Ceci est la force forte de toute force.* Car il n'y a aucune comparaison des autres forces de ce monde à la force de cette pierre : *Car elle vaincra toute chose subtile, et pénétrera toute chose solide.* Vaincra, c'est-à-dire, en vainquant et surmontant elle changera et convertira le mercure vif en le congelant, lui qui est subtil et mol, et pénétrera les autres métaux, qui sont des corps durs, solides et fermes.

CHAPITRE XI : Ainsi le monde a été créé

Le magistère imite la création de l'univers.

Le philosophe donne ensuite un exemple de la composition de sa pierre, disant, *ainsi le monde a été créé* ; c'est-à-dire que notre pierre est faite de la même manière que le monde a été créé. Car les premières choses de tout le monde, et tout ce qui a été au monde, a été premièrement une masse confuse, et un chaos sans ordre, comme il a été dit ci-dessus. Et après, par l'artifice du souverain Créateur, cette masse confuse, ayant été admirablement séparée et rectifiée, a été divisée en quatre éléments : et à cause de cette séparation, il se fait diverses et différentes choses. Ainsi aussi se peuvent faire diverses choses par la production et disposition de notre œuvre, et ce par la séparation de divers éléments de divers corps. *De ceci seront et sortiront d'admirables adaptations.* C'est-à-dire, si tu sépares les éléments, il se fera d'admirables compositions propres à notre œuvre, en la composition de notre pierre, par la conjonction des éléments rectifiés. *Desquelles*, c'est-à-dire desquelles choses admirables propres à ceci ; *le moyen*, c'est à savoir d'y procéder, *en est ici.*

CHAPITRE XII : Les trois parties

Déclaration énigmatique de la matière de la pierre.

C'est pourquoi j'ai été appelé Hermès Trismégiste, c'est-à-dire, *Mercure trois fois très grand.* Après que le philosophe a enseigné la composition de la pierre, il montre ici couvertement de quoi se fait notre pierre, se nommant soi-même : premièrement afin que ses disciples qui parviendront à cette science, se souviennent toujours de son nom. Mais néanmoins il touche de quoi c'est que se fait la pierre, disant ensuite : *Ayant les trois parties de la philosophie de tout le monde,* pour ce que tout ce qui est au monde, ayant matière et forme, est composé des quatre éléments. Or quoique dans le monde il y ait une infinité de choses qui le composent et qui en sont les parties, le philosophe les divise et les réduit pourtant toutes à trois parties ; c'est à savoir en la partie minérale, végétale, et animale, de toutes lesquelles ensemble ou séparément il a eu la vraie science, en l'opération du soleil, ou composition de la pierre. Et c'est pour cela qu'il dit, *ayant les trois parties de la philosophie de tout le monde,* lesquelles toutes trois sont contenues dans la seule pierre ; c'est à savoir au mercure des philosophes.

CHAPITRE XIII : La pierre parfaite

Pourquoi la pierre est appelée parfaite.

Cette pierre est appelée parfaite, parce qu'elle a en soi la nature des choses minérales, végétales et animales. C'est pourquoi elle est appelée triple, autrement trine-une ; c'est-à-dire triple et unique, ayant quatre natures, c'est à savoir les quatre éléments, et trois couleurs, la noire, la blanche et la rouge. Elle est aussi appelée le grain de froment, lequel s'il ne meurt demeurera seul ; et s'il meurt (comme il a été dit ci-dessus, quand elle se conjoint en la conjonction) il rapporte beaucoup de fruit, c est a savoir, quand les opérations dont nous avons parlé, sont parachevées. O ami lecteur ! si tu sais l'opération de la pierre, je t'ai dit la vérité ; et si tu ne la sais pas, je ne t'ai rien dit. *Ce que j'ai dit de l'opération du soleil est accompli et parachevé*. C'est-à-dire, ce qui a été dit de l'opération de la pierre de trois couleurs et de quatre natures, qui sont en une chose unique, c'est à savoir au seul mercure philosophal, est achevé et fini.